Ein guter Chef sein

Clemens Hasler

Ein guter Chef sein

Ratgeber für erfolgreiche Führung

Clemens Hasler
Wil, Schweiz

ISBN 978-3-662-61433-4   ISBN 978-3-662-61434-1   (eBook)
https://doi.org/10.1007/978-3-662-61434-1

Die Deutsche Nationalbibliothek verzeichnet diese Publikation in der Deutschen Nationalbibliografie; detaillierte bibliografische Daten sind im Internet über http://dnb.d-nb.de abrufbar.

Springer
© Der/die Herausgeber bzw. der/die Autor(en), exklusiv lizenziert durch Springer-Verlag GmbH, DE, ein Teil von Springer Nature 2020
Das Werk einschließlich aller seiner Teile ist urheberrechtlich geschützt. Jede Verwertung, die nicht ausdrücklich vom Urheberrechtsgesetz zugelassen ist, bedarf der vorherigen Zustimmung des Verlags. Das gilt insbesondere für Vervielfältigungen, Bearbeitungen, Übersetzungen, Mikroverfilmungen und die Einspeicherung und Verarbeitung in elektronischen Systemen.
Die Wiedergabe von allgemein beschreibenden Bezeichnungen, Marken, Unternehmensnamen etc. in diesem Werk bedeutet nicht, dass diese frei durch jedermann benutzt werden dürfen. Die Berechtigung zur Benutzung unterliegt, auch ohne gesonderten Hinweis hierzu, den Regeln des Markenrechts. Die Rechte des jeweiligen Zeicheninhabers sind zu beachten.
Der Verlag, die Autoren und die Herausgeber gehen davon aus, dass die Angaben und Informationen in diesem Werk zum Zeitpunkt der Veröffentlichung vollständig und korrekt sind. Weder der Verlag, noch die Autoren oder die Herausgeber übernehmen, ausdrücklich oder implizit, Gewähr für den Inhalt des Werkes, etwaige Fehler oder Äußerungen. Der Verlag bleibt im Hinblick auf geografische Zuordnungen und Gebietsbezeichnungen in veröffentlichten Karten und Institutionsadressen neutral.

Fotonachweis Umschlag: © bestpixels / Adobe Stock

Springer ist ein Imprint der eingetragenen Gesellschaft Springer-Verlag GmbH, DE und ist ein Teil von Springer Nature.
Die Anschrift der Gesellschaft ist: Heidelberger Platz 3, 14197 Berlin, Germany

Geleitwort

Sie haben ein Führungsbuch in der Hand, das im besten Sinne aus der Praxis für die Praxis geschrieben ist. „Aus der Praxis", weil es von einem Geschäftsleiter (CEO) verfasst ist, der seine langjährigen Führungserfahrungen in einer offenen, persönlichen Art praxisnah und umfassend zur Verfügung stellt. Der Autor lässt sich über die Schulter blicken und gibt einen Einblick in seinen persönlichen Führungsstil. „Für die Praxis", weil der vorliegende Leitfaden für viele Führungskräfte und andere Interessierte eine nützliche Hilfe für die eigene Praxis sein dürfte. Der Leser und die Leserin lernen das Führungshandwerk und die persönlichen Überzeugungen und Grundsätze des Autors kennen. Zudem ist das Buch kompakt und gut nachvollziehbar in einer einfachen Sprache geschrieben.

Als langjähriger Berater und Trainer von Führungskräften kenne ich viele Führungsbücher. Sie erscheinen mir häufig ziemlich theorielastig. Oft vermisse ich die ganz konkrete praktische Umsetzung. Nicht so in dieser Publikation. Sie zeichnet sich durch eine gute Mischung von Theorie und Praxis aus. Der Autor orientiert sich an vielfach bekannten theoretischen Grundlagen. Er interpretiert sie jedoch eigenständig, setzt Schwerpunkte, zeigt die konkrete praktische Umsetzung auf. Er vertritt klare, dezidierte Auffassungen. Zum Teil sind sie ganz persönlich geprägt und weichen von gängigen Lehrbuchmeinungen ab. Dadurch wird der Autor als autonome Führungskraft gut spürbar. Ein Beispiel dafür ist der Abschn. 1.2 „Zuhören und Fragen".

Führungskräfte und andere Interessierte werden im Buch Antworten auf viele Themen finden, die sie in ihrem Führungsalltag beschäftigen. Das ausführliche Inhaltsverzeichnis liest sich zum Teil wie eine Stichwortliste zu bekannten Führungsthemen. So kann der Leser oder die Leserin das herausgreifen, was sie interessiert. Es werden aber auch Themen angesprochen, die sonst kaum in einem Führungsbuch zu finden sind, wie z.B. „Heikle und Tabu-Themen" (Abschn. 6.1.14), „Reklamationen sind Chancen" (Abschn. 8.3), „Privates im Geschäft" (Abschn. 6.1.7).

Die Gliederung des Buches in die drei Ebenen normativ, strategisch, operativ, ergänzt durch eine vierte Ebene „Mitarbeitende", wird Führungskräften eine einfache Orientierungshilfe bieten, sind es doch wohlbekannte Denkkategorien.

Menschenführung, verbunden mit Kommunikation, spielt im ganzen Buch eine wesentliche Rolle. Letztlich ist Führung ja Führung von Menschen. Es kommt immer wieder zum Ausdruck, dass Führungsarbeit vom Autor als Beziehungsarbeit verstanden wird. Die praktischen Hinweise hierzu sind auf jeden Führungskontext anwendbar.

Das Buch erscheint in der Reihe Ratgeber des Springer-Verlags. Ratgeberliteratur hinterlässt oft ein zwiespältiges Gefühl. Sind die Ratschläge wirklich hilfreich, sind sie ein wenig neu, oder handelt es sich einfach um ohnehin

Bekanntes? Im Buch überwiegt das Erstere. Sie werden Überraschendes lesen und manchmal auch schmunzeln können.

Ich bin überzeugt, dass die Lektüre des Buches ein Gewinn ist und Freude bereiten wird.

Heinz Vetter

Vorwort

Motivation zu diesem Buch
Führen und Strom – das sind meine beiden beruflichen Leidenschaften. Dazu braucht es Lust und die Bereitschaft zu führen, wie auch eine Organisation und Personen, die einem Führungsverantwortung übertragen. Das vorliegende Buch legt den Schwerpunkt auf die praktische Seite des Führens, Tag für Tag. Dazu beschreibe ich meine Erfahrungen. Wenn mein Buch Interessierten Ideen gibt, wie sie ihren Führungsalltag besser und effizienter gestalten können, oder wie sie mit ihrem Verhalten leistungsfähigere und zufriedenere Mitarbeiter hervorbringen, habe ich als Autor mein Ziel erreicht. Das vorliegende Werk ist also ein Kompendium für gute, praktische Führung und unterscheidet sich damit von anderen (Lehr-)Büchern, die häufig theoretischer Natur sind. Auch ich stütze meine Argumente auf theoretische Grundlagen, führe dann aber aus, wie die praktische Umsetzung im unternehmerischen Alltag aussieht.

Meine Führungserfahrungen konnte ich bei Firmen mit bis zu 50 Mitarbeitenden und einem Umsatz bis CHF 150 Mio. sammeln. Auch wenn in meinem Umfeld vieles, wie nachfolgend beschrieben, erfolgreich funktioniert, erhebe ich keinerlei Anspruch auf wissenschaftliche Korrektheit oder Vollständigkeit. Dass gerade in Konzernen teils andere Führungsmechanismen etabliert sind, konnte ich selbst erfahren. Der Umgang mit den Mitarbeitenden ist jedoch unabhängig von der Größe einer Firma, oder sollte es zumindest sein.

Wer das Buch liest, könnte meinen, Führung sei gar nicht so schwierig und ich würde jederzeit über der Sache stehen. Auch ich bin oft ratlos, teilweise verzweifelt, und es gelingt auch mir nicht immer, meine Grundsätze in die Tat umzusetzen. Aber ich gebe nicht auf und versuche es immer wieder – gerade auch um als Vorgesetzter besser zu werden.

Die SN Energie (SN, www.snenergie.ch) und die Kraftwerke Zervreila AG (KWZ, www.kwz.ch), welche ich seit 2005 als CEO leite, sind beides Firmen, die mehrheitlich der öffentlichen Hand gehören. Weder die Aufsichtsräte noch das Management persönlich sind Aktionäre dieser Firmen. Dies beeinflusst die Führung entscheidend. Trotzdem gelten viele der nachfolgenden Ausführungen auch für Konzerne und unternehmergeführte, respektive rein private Firmen.

Ich habe in den letzten 20 Jahren in Firmen gearbeitet, in denen auch die Vergangenheit und langfristiges Denken sehr wichtig waren. Es gibt Anlagen wie Kraftwerke und Netze, die mehr als 50 Jahre in Betrieb sind. Auch alte Verträge, teils mit mehreren Nachträgen, die noch gültig sind, müssen übersichtlich verwaltet, gepflegt und weiterentwickelt werden. Dies hat auch Auswirkung auf die nachfolgend beschriebenen Führungssysteme.

Konzept und Gliederung des Buches
Für meine Ausführungen wird folgende Gliederung verwendet (Abb. 1):

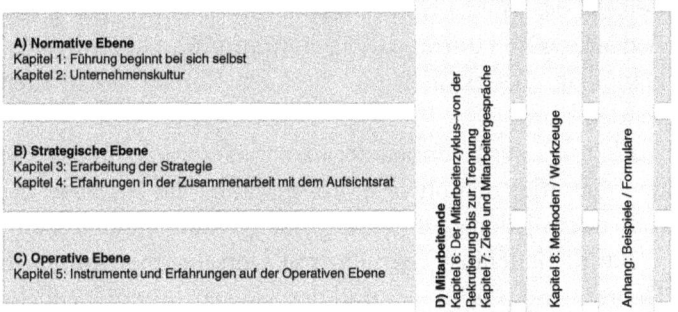

Abb. 1 Konzept und Gliederung

In Anlehnung an das (alte) St. Galler Managementmodell (Bleicher und Abegglen 2017) orientiere ich mich an drei Ebenen:

Teil I Normative Ebene, Vertiefung in Kap. 1 und 2
Teil II Strategische Ebene, Vertiefung in Kap. 3 und 4
Teil III Operative Ebene, Vertiefung in Kap. 5
Teil IV Mitarbeitende, Vertiefung in Kap. 6 und 7.

In Kap. 8 folgen konkrete „Methoden/Werkzeuge", und im Anhang sind u.a. Formulare zu finden.

Dieses Buch ist als Ergänzung zum St. Galler Managementmodell zu verstehen. Die Theorie zu diesem Modell ist gut erforscht und in zahlreichen Publikationen dokumentiert.

Als ich die Struktur dieses Buches erarbeitete, konnte ich mich schnell für die Teile I, II und III entscheiden, war aber über Wochen unzufrieden, weil immer etwas fehlte. Bis ich – getreu dem Motto: „Führen ist, gemeinsam mit anderen Menschen Ziele zu

erreichen" – auf das Offensichtliche stieß: die Menschen, speziell **die Mitarbeitenden**. Ihnen ist der Buchteil IV gewidmet.

Damit das Buch lesbar bleibt, ließ es sich nicht verhindern, den einen oder anderen Aspekt zu wiederholen. Zum

Beispiel das Thema Kommunikation, das eine derart große Bedeutung im Führungsalltag einnimmt und unzählige Aspekte hat, dass es nicht nur in einem Kapitel beschrieben werden kann.

Ebenfalls aus Gründen der Lesbarkeit, wurde im Text die neutrale oder männliche Form gewählt, die Angaben beziehen sich jedoch auf die Angehörigen aller Geschlechter.

Für die leitenden Gremien von Unternehmen gibt es in Deutschland, Österreich und der Schweiz unterschiedliche Bezeichnungen und gesetzliche Grundlagen. Im Buch werden meist die deutschen Fachausdrücke verwendet. Etwas davon ab weicht mein Verständnis vom Aufsichtsrat. Der Aufsichtsrat wählt den Vorstand respektive den CEO und ist für deren Überwachung als auch für die Strategie zuständig. Im „Abkürzungsverzeichnis und Begriffe" sind die Synonyme zu diesen Begriffen erwähnt.

Dank

Mein Dank geht an die Aufsichtsräte der SN Energie AG und der Kraftwerke Zervreila AG. Einerseits für die Zusammenarbeit und dass sie mir ermöglichen, während einer so langen Zeit als CEO tätig zu sein. Andererseits dafür, dass ich für dieses Buch auszugsweise auf Geschäftsunterlagen dieser beiden Firmen zurückgreifen durfte.

Was wäre Führungsarbeit ohne die Kollegen im Vorstand? Wir fordern uns regelmäßig, aber wohlwollend und idealerweise stets die Weiterentwicklung des Unternehmens im Fokus habend. Ihnen und allen Mitarbeitenden ein herzliches Dankeschön dafür.

Mein spezieller Dank geht an diejenigen Personen, die mich von der Idee bis zum Druck dieses Buches unterstützt haben, und an meine Assistentin und unsere Praktikantin, die am Layout, Korrektorat und Lektorat maßgeblich mitgewirkt haben.

Meinen verstorbenen Eltern war die Ausbildung meiner Schwester, meines Bruders und mir immer ein sehr großes Anliegen. Ohne ihre Großzügigkeit hätte ich nie eine so gute Ausbildung genießen können.

XIV   **Dank**

Last but not least, danke ich meiner Frau Christine und meinen schon erwachsenen Kindern Oliver, Annik und Dimitri; das „Chef-sein" bedingt auch oft Abwesenheiten. Ich hoffe jedoch, dass ich sie an den schönen Seiten meines Berufes habe teilhaben lassen können und dass ich sie motiviere, in unserer Gesellschaft – wo und wie auch immer – Verantwortung zu übernehmen und diese zu gestalten.

Mai 2020   Clemens Hasler

Inhaltsverzeichnis

Teil I Normative Führungsebene

1 Führung beginnt bei sich selbst 3
1.1 Vorbild sein und sich selbst führen 3
1.2 Zuhören & Fragen 7
1.3 Eigene Pendenzen und Priorisierung 10
1.4 Für sich eine Aufgabe finden 11
1.5 Erholung, Gesundheit, Ernährung 13
1.6 Freunde/Beziehungen 16
1.7 Was mich wirklich beschäftigt 17
Weiterführende Literatur 19

2 Unternehmenskultur 21
2.1 Werte 22
2.2 Vertrauen und Fehlerkultur 22
2.3 Vertrauen vs. Kontrolle 24
2.4 Verhaltenskodex 26
2.5 Umgang mit anderen Meinungen 26
2.6 Leitbild 27
2.7 Sieben und drei Führungsaufgaben 28
2.8 Partizipativer Führungsstil 29
2.9 Entscheiden und Delegieren 30

2.10	Wertschätzung	34
2.11	Kommunikation	36
2.11.1	Feedback	37
2.11.2	Kritik	38
2.11.3	Kommunikationsmittel und -wege	38
2.11.4	Gewaltfreie Kommunikation (GfK)	40
2.12	Mitarbeitende – das Wichtigste in einer Firma	42
2.13	Innovation und Veränderungen	42
2.14	Frauen, Eltern und Vereinbarkeit Beruf und Familie	43
2.15	Konflikte	46
2.15.1	Stufen von Konflikten	46
2.15.2	Ich bin Teil des Konflikts	48
2.15.3	Wenn es im Team oder mit dem Vorgesetzten nicht funktioniert	48
2.16	Moderator des Prozesses	50
2.17	Sicherheit	52
2.18	Last but not least	52
2.18.1	Du, Sie	52
2.18.2	Weihnachtsessen	52
2.18.3	Weihnachtskarten	53
2.18.4	Geschenke (an Personen des anderen Geschlechts)	54
2.18.5	Pensionäre	54
Weiterführende Literatur		55

Teil II Strategische Führungsebene

3 Erarbeitung der Strategie — 59
  3.1 Modelle und Vorgehensplan — 63
  3.2 Start mit Antrag an den Aufsichtsrat (AR) — 63
  3.3 Workshops — 64

3.4	Dokumentation	65
Weiterführende Literatur		67

4 Erfahrungen in der Zusammenarbeit mit dem Aufsichtsrat 69
- 4.1 Generell 69
- 4.2 Erwartungen an den Aufsichtsrat (AR) 70
- 4.3 Standardtraktanden an den AR-Sitzungen 70
- 4.4 Vorlagen für den AR 71
- 4.5 Vorbesprechung der AR-Sitzung 72
- 4.6 Bildung einer Task Force 73
- 4.7 Mindestens einmal jährlich ohne CEO 73
- 4.8 Protokollführung 74
- 4.9 Entschädigungen/Löhne des Vorstandes 74
- 4.10 Entschädigungen/Honorare des AR 75
- 4.11 Probleme, Krisen 76

Teil III Operative Führungsebene

5 Instrumente und Erfahrungen auf der operativen Ebene 81
- 5.1 Aufgaben- und Verantwortlichkeitsmatrix (AVM) 81
- 5.2 Jahresziele des Unternehmens und des Vorstandes 84
- 5.3 Jahresziele der Mitarbeitenden 87
- 5.4 Führungs- und Informationskonzept 88
- 5.5 Sitzungen 89
  - 5.5.1 Grundlegendes 89
  - 5.5.2 Schwierige Sitzungen 90
  - 5.5.3 Vorstandssitzung (VS) 92
  - 5.5.4 Vorstandsworkshop (VWS) 93

	5.5.5 Mitarbeiterinformationen	94
	5.5.6 Projektsitzungen	94
	5.5.7 Bilaterale Gespräche (Bila)	94
	5.5.8 Jährliche Gespräche für Mitarbeitende (MA-Gespräch)	95
	5.5.9 Personalkommission (PeKo)	95
5.6	Verhandeln & Verkaufen	96
5.7	Prozesse	98
5.8	Organisation/Organigramm	98
5.9	Sicherheit	99
	5.9.1 Personen- und Anlagensicherheit	99
	5.9.2 Daten- und IT-Sicherheit	102
5.10	Weisungen und Empfehlungen	102
5.11	Projekte	104
	5.11.1 Projektauftrag	104
	5.11.2 Projektstrukturplan	106
	5.11.3 Arbeitspakete	106
	5.11.4 Projektbalkenplan/Zeitplan	106
5.12	Priorisierung und Termine	108
5.13	Jahresterminliste	109
5.14	Vertragsablage und Instandhaltungsmanagement	109
5.15	Informatik/IT	111
5.16	Berater, externe Fachpersonen	116
5.17	Krisenorganisation definieren	117
5.18	Beginn (und Ende) bei einer Firma als CEO/Vorgesetzte	118
Weiterführende Literatur		120

Teil IV Mitarbeitende

6 Der Mitarbeiterzyklus: Von der Rekrutierung bis zur Trennung — 123
   6.1 Grundsätzliches — 123

	6.1.1	Mitarbeitende sollen ihre Stärken leben können	124
	6.1.2	Unterstützung bei Herausforderungen	125
	6.1.3	Typen von Mitarbeitenden und wie sie geführt werden	126
	6.1.4	Konzeptionelle Fähigkeiten	128
	6.1.5	Was tun, wenn sich Mitarbeitende gegenseitig beschuldigen	128
	6.1.6	Grenzen aufzeigen	129
	6.1.7	Privates im Geschäft	129
	6.1.8	Welche Erwartungen haben Mitarbeitende an ihre Vorgesetzten?	130
	6.1.9	Perfekter Chef	131
	6.1.10	Gründe, warum Mitarbeitende kündigen	131
	6.1.11	Generationenfragen	132
	6.1.12	Jüngere Mitarbeitende und Vereinbarkeit von Beruf und Familie	134
	6.1.13	Emotional belastende Situationen und Tränen	134
	6.1.14	Heikle und Tabu-Themen	135
6.2	Suche, Einstellung, Einarbeitung		136
	6.2.1	Einstellung	136
	6.2.2	Start und Einführungsprogramm	137
6.3	Entwicklung		138
6.4	Trennung		138
	6.4.1	Interne Versetzung	139
	6.4.2	Der Mitarbeitende wird dazu angehalten, zu kündigen	139

6.4.3	Dem Mitarbeitenden muss gekündigt werden	141
6.4.4	Schallmauer 50. Altersjahr	142
6.4.5	Altersteilzeit und Rente	142
6.5 Entlohnung und Bindung		143
Weiterführende Literatur		145

7 Ziele und Mitarbeitergespräche, Arbeitsplatz — 147

- 7.1 Zielvereinbarung, Qualifikation, Beurteilung — 147
  - 7.1.1 Zielvereinbarungsgespräch — 148
  - 7.1.2 Mitarbeitergespräch/Zielerreichungsgespräch — 148
  - 7.1.3 Lohngespräche — 151
- 7.2 Arbeitsplatz/Bürogestaltung — 151
- Weiterführende Literatur — 152

8 Methoden/Werkzeuge — 153

- 8.1 Problemlösungskompetenz — 154
- 8.2 Moderationsmethode — 155
- 8.3 Reklamationen sind Chancen — 158
- 8.4 Vorträge/Reden/Ansprachen — 158
- Weiterführende Literatur — 160

Anhang — 161

Stichwortverzeichnis — 171

Über den Autor

Clemens Hasler (Jahrgang 1967) hat an der ETH in Zürich Elektrotechnik (1987–1993) und anschließend Betriebswissenschaften (1995–1997) studiert. Beim Militär war er Oberleutnant und rangierte am Ende seiner Militärkarriere in der Funktion eines Sportoffiziers. Führungserfahrung hat er zudem während seiner Zeit bei einer Schweizer Bank (Aufbau Internetbanking) sowie als Gründungspräsident eines Orientierungslauf-Vereins und als OK-Präsident von mehreren Orientierungslauf-Großveranstaltungen gesammelt.

Seit 2005 ist er Geschäftsleiter/CEO der SN Energie AG und Kraftwerke Zervreila AG. Er ist, Kraft seiner Funktion als CEO, auch Mitglied in diversen Verwaltungsräten.

Ehrenamtlich engagiert er sich für den „Verein Kloster Fischingen".

Er ist verheiratet und hat drei erwachsene Kinder.

Abkürzungsverzeichnis und Begriffe

AR Aufsichtsrat, Aufsichtsrätin (D), Verwaltungsrat, Verwaltungsrätin (CH), teils als Einzelpersonen gemeint, teils als Gremium. Der Aufsichtsrat in Deutschland hat insbesondere den Vorstand zu kontrollieren. Beim Verwaltungsrat in der Schweiz kommt zusätzlich die Oberleitung der Gesellschaft hinzu. Bei in diesem Buch geschilderten Führungssituationen wird davon ausgegangen, dass der Aufsichtsrat auch für die Strategie zuständig ist.
AVM Aufgaben- und Verantwortlichkeitsmatrix
Bila Bilaterales Gespräch zwischen zwei Personen
CEO Chief Executive Officer, oberster Leiter des operativen Geschäfts, Sprecher des Vorstandes, Vorstandsvorsitzender (D), Vorsitzender der Geschäftsleitung (CH), Geschäftsleiter. Gemäß Verständnis in diesem Buch gibt es ein Gremium, das über dem CEO steht, nämlich der Aufsichtsrat (siehe oben)
CFO Chief Financial Officer, Kaufmännischer Geschäftsführer, Finanzvorstand
GfK Gewaltfreie Kommunikation

Abkürzungsverzeichnis und Begriffe

ggf	gegebenenfalls
KWZ	Kraftwerke Zervreila AG
MA	Mitarbeitende
m.E.	meines Erachtens
o.e.	oben erwähnt
o.g.	oben genannt
PeKo	Personalkommission
PL	Projektleiter, Projektleiterin
PLZ	Problemlösungszyklus
PSP	Projektstrukturplan
PV	Photovoltaik
SiBe	Sicherheitsbeauftragter
SN	SN Energie AG
Stv	Stellvertreter
Vorstand	Vorstand (D), Geschäftsleitung (CH): ein Gremium von mehreren Personen. Der Vorsitzende ist der CEO.
VS	Vorstandssitzung

Teil I

Normative Führungsebene

Einleitung/Theorie

Als normatives Management wird die oberste der drei Führungsebenen des St. Galler Management-Modells bezeichnet (Bleicher und Abegglen 2017). Diese Ebene beschäftigt sich mit den generellen Zielen des Unternehmens, den Werten und Prinzipien, den Normen und Spielregeln. Es geht insbesondere auch um Fragen der Ethik auf der Unternehmensebene.

Auf der normativen Führungsebene muss eine Organisation die Unternehmenspolitik, die Leit- und Grundsätze als Unternehmensstandards festlegen. Das ist der Teil, der „verordnet" werden kann. Hinzu kommt der Teil, der nicht verordnet, sondern gelebt wird: die Kultur, der Umgang miteinander, die gelebten Werte.

Die Bedeutung des Wortes „normativ" gemäß Duden:

> „Als Richtschnur, Norm dienend; eine Regel, einen Maßstab für etwas darstellend, abgebend".

2 Normative Führungsebene

In diesen Kapiteln geht es insbesondere um Aspekte des Sinns und der Werte und somit um die Unternehmenskultur. Dies kann ausschließlich durch Menschen vermittelt werden. Dem Vorbildsein von Vorgesetzten kommt eine sehr große Bedeutung zu, weshalb das erste Kapitel darauf eingeht.

1

Führung beginnt bei sich selbst

Unternehmenskultur ist das, was Personen, vor allem Vorgesetzte, in einem Unternehmen vorleben. Bevor auf die eigentliche Unternehmenskultur ab Kap. 2 eingegangen wird, wird in diesem Kapitel beschrieben, welche Eigenschaften die Personen mitbringen müssen, die für die Leitung eines Unternehmens verantwortlich sind, und womit ihr „Rucksack" sonst noch bepackt sein sollte.

1.1 Vorbild sein und sich selbst führen

Ein Vorbild zu sein, ist die wichtigste, effektivste und nachhaltigste Führungseigenschaft. Dies gilt in Unternehmen wie in der Erziehung gleichermaßen. Das, was der Chef macht, wird kopiert. Darüber müssen sich Vorgesetzte bewusst sein. Wer sich selbst nicht führen kann, kann auch keine Firma führen.

> *Die Welt verändert sich durch dein Vorbild, nicht durch deine Meinung.*
> *(Paulo Coelho)*

> *Walk the talk / Lass deinen Worten Taten folgen.*

Und was heißt das Tag für Tag? Als das Wichtigste beim Führen erachte ich zusammengefasst Folgendes:

- **Ehrlichkeit, Umgang mit Fehlern, Vertrauen, Mut**: Ehrlich sein, allen Anspruchsgruppen gegenüber. Zu eigenen Fehlern stehen und diese beheben. Mitarbeitende bei der Behebung ihrer Fehler unterstützen und nicht nach Schuldigen suchen (vgl. Abschn. 2.2). Eine gute Mut-Kultur und Innovationen fördern, aus dem Scheitern kein Drama machen und immer wieder nach vorne schauen und neue Ziele avisieren. Dies alles schafft Vertrauen.
- **Integrität und Wertschätzung**: Das Reden und Handeln der Vorgesetzten muss mit ihrem persönlichen Wertesystem übereinstimmen. Wichtig ist der wertschätzende Umgang. Vorgesetzte dürfen über andere nicht schlecht sprechen. Wenn es ein Problem unter Mitarbeitenden gibt, ist dies stufengerecht und direkt an die betroffenen Personen zu adressieren.
- **Kommunikation**: Kommunikation ist sehr wichtig. Sie hat regelmäßig und zeitnah zu erfolgen und muss eingeplant werden. Wenn sich ein Konflikt anbahnen könnte, ist der Griff zum Telefon ein gutes Mittel, den Konflikt gar nicht aufkommen zu lassen. E-Mails können hier sehr heikel sein. Miteinander und nicht übereinander sprechen. Immer geht dies nicht, dann z. B., wenn sich ein Kollege über einen anderen beklagt. Nachdem dem

einen zugehört wurde, ist das Gespräch mit dem anderen Kollegen zu suchen.
- **Leistung, Arbeitseinsatz, Arbeitszeiten, Pünktlichkeit**: Ich bin ein Verfechter von Leistung und der Leistungsgesellschaft. Leistung soll belohnt werden. Von mir wie auch von allen Mitarbeitenden fordere ich einen hohen Arbeitseinsatz. Vorgesetzte müssen täglich als Vorbild vorangehen. Da sie oft auch abends geschäftliche Termine haben, ist es nicht nötig, dieselben Arbeitszeiten zu wählen wie die Mitarbeitenden. Dass Vorgesetzte mehr arbeiten als Mitarbeitende, sollte selbstverständlich sein, insbesondere in den ersten Monaten und Jahren nach der Übernahme einer neuen Funktion. Pünktlichkeit, betreffend Anfang *und* Ende einer Sitzung, mit Kunden und intern mit Mitarbeitenden, gehört dazu.
- **Sich nicht zu schade sein**: Auch der Vorgesetzte soll Mitarbeitenden aus der Patsche helfen, wenn es eilt, ihnen auch Arbeiten abnehmen, wie z. B. einen Telefonanruf eines anderen beantworten, zum Staubsauger greifen oder auch einmal den Geschirrspüler ausräumen. Hilfsbereit sein, ohne sich anzubiedern. Zudem gelten Sicherheitsvorschriften für alle, auch für Vorgesetze. Zum Beispiel die Helmtragepflicht. Helm, Schutzbrille, Handschuhe, Leuchtweste, Sicherheitsschuhe und eine Taschenlampe habe ich meistens im Auto dabei.
- **Auftreten**: Der Situation angepasste Kleidung. Gepflegt in der Erscheinung, von Kopf bis Fuß. Als Chef wird die Firma auch nach außen vertreten, daher gilt: Im Zweifelsfalle lieber etwas overdressed. Es darf den Mitarbeitenden nicht peinlich sein, zusammen mit dem Chef aufzutreten.
- **Keine Statussymbole**: Dieselbe Möblierung des Büros und die gleiche Arbeitsinfrastruktur, vom Bürostuhl über PC bis zum Handy. Welches Telefon jemand hat, welchen PC, die Anzahl der Bildschirme, die Größe des Büros etc. hat nichts damit zu tun, in welcher Hierar-

chiestufe sich jemand befindet, sondern was er in seiner Funktion zum Arbeiten braucht. Das heißt aber auch, dass nicht alle Arbeitsplätze gleich sind. Der Arbeitsplatz eines Stromhändlers sieht bestimmt anders aus als der eines Instandhalters in einem Wasserkraftwerk.

- **Persönlich sein, aber eben nicht zu persönlich**: Kollegial sein, aber eben auch nicht. Niemand möchte einen Chef sehen, der beim Firmenfest angeheitert oder gar betrunken ist. Der Vorgesetzte soll nicht der Freund der Mitarbeitenden werden; Chef bleibt Chef. Was nicht heißt, dass der Umgang nicht freundschaftlich sein kann, und auch gegen eine maßvolle, gemeinsame Freizeit ist nichts einzuwenden.
- **Nicht persönlich nehmen, sich nicht angegriffen fühlen**: Da Mitarbeitende in der Regel nicht den gleichen Informationsstand haben wie der Vorstand, sind oft für Erstere nicht alle Vorstandsentscheidungen nachvollziehbar. Wenn Mitarbeitende kritische Fragen stellen oder Bemerkungen anbringen, dürfen Vorgesetzte sich nicht persönlich angegriffen fühlen. Die Gründe, die zu einer für den Mitarbeitenden unbefriedigenden Entscheidung geführt haben, sind ruhig und sachlich zu erläutern.
- **Natürliche Autorität, Großzügigkeit**: Der Chef darf und soll dort, wo seine Kompetenzen liegen, selbstsicher und mit einer natürlichen Autorität auftreten. Speziell im Auftritt nach außen. Gleichzeitig akzeptiert und fördert er die Kompetenzbereiche seiner Mitarbeitenden und trägt dazu bei, dass diese für Bereiche und Kompetenzen einstehen, die sie wie niemand anderer beherrschen. Der Chef soll großzügig sein, im Denken, aber auch materiell.
- **Regelungsdichte, Aufgabenklarheit und gesunder Menschenverstand**: Einerseits soll es klare Vorgaben geben, andererseits soll ein Umfeld vorhanden sein, das die Mitarbeitenden motiviert, möglichst gute und kreative Leistungen

zu erbringen. Die Mitarbeitenden müssen wissen, was ihre Aufgabe ist, was sie zu tun und was sie zu lassen haben. Während für die einen schon zu viel geregelt ist, ist es für andere noch zu wenig. Wesentlich ist, um welche Bereiche oder um welche Themen es sich handelt. Im Bereich Sicherheit gibt es deutlich weniger Spielraum als anderswo. Besser als überbordende Regelungen und Weisungen ist es, immer wieder den gesunden Menschenverstand einzusetzen.
- **Humor:** Wenn ein Vorgesetzter alles bis jetzt Genannte mitbringt, hat er gute Voraussetzungen, ein guter Chef zu sein. Gerade auch, wenn er darüber hinaus noch über Humor verfügt und über sich selbst und seine Fehler lachen kann. Dies sind die wichtigsten Themenbereiche. Sie gelten gleichermaßen für Vorgesetzte und Mitarbeitende. Was der Chef vorlebt, wird kopiert und wird somit zur Firmenkultur. Gerade auch weil der CEO die Kultur der Firma am meisten prägt, gefällt es mir, diese Funktion auszuüben. Ich bin mir jedoch auch der großen Verantwortung bewusst, die damit einhergeht. Weitere Vertiefungen zu obigen Erfahrungen und Überlegungen folgen im Verlauf dieses Buchs.

1.2 Zuhören & Fragen

Eine Person, die zuhören kann, wird als angenehm empfunden. Dies gilt in allen Beziehungen, privat wie auch geschäftlich. Geschwätzige Menschen, die einen kaum zu Wort kommen lassen, sind anstrengend.

Zuhören, zuhören, zuhören, man kann es gar nicht oft genug sagen. Zum Zuhören kommt ein weiterer wichtiger Aspekt, das Fragenstellen. Ein Vorgesetzter sollte also beides können: zuhören und gute Fragen stellen. Menschen mögen es nicht, wenn man ihnen sagt, was sie zu tun haben. Man erhält nicht gerne ungebetene Tipps oder Ratschläge. Weder vom Chef noch von Arbeitskollegen, Partnern oder von Freunden.

> *Ratschläge sind auch Schläge.*

Ein Gegenüber, das aktiv zuhört, sich interessiert, einbringt und nachfragt, mag man jedoch gerne.

Es gibt wahre Meister, Naturtalente, im Zuhören. Diese Personen empfindet man oft als weise. Sie hören interessiert zu, sagen wenig, aber was sie sagen, hat Substanz und sitzt. Den „Nichtnaturtalenten" wird die Methode des aktiven Zuhörens empfohlen.

Aktives Zuhören
Aus Abb. 1.1 geht hervor, was darunter zu verstehen ist (Schulz von Thun et. al 2003).

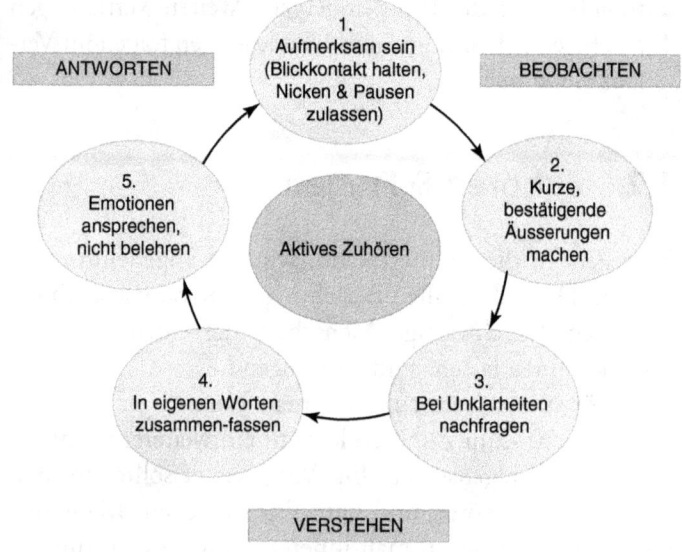

Abb. 1.1 Aktives Zuhören

Oder in Worten:

1. **Aufmerksam sein:** Ich bin in Gesprächen konzentriert, eliminiere Störquellen wie das Telefon, schließe wenn möglich die Türe, schaffe Ordnung auf dem Besprechungstisch, suche den Blickkontakt, höre auch nonverbal, mit der Körperhaltung, zu, halte Pausen aus.
2. **Kurze, bestätigende Äußerungen:** Für den Redner ist es angenehmer, wenn der Zuhörende sich ab und zu kurz äußert: *„Ich verstehe, dass dich das stört oder belastet."* Zwischendurch ein kurzes Lob *„In dieser Situation hast du aber gut agiert!"* Aber auch Betroffenheit wie *„Ach nein, wirklich?"*
3. **Nachfragen bei Unklarheiten:** Falls etwas nicht verstanden wird, darf, ja sollte nachgefragt werden: *„Das habe ich nicht verstanden. Was meinst du damit?"*
4. **In eigenen Worten zusammenfassen:** Das Gehörte wird mit den eigenen Worten wiederholt. Wenn möglich beginnend mit dem Sachverhalt. Dies wird als *Paraphrasieren* bezeichnet.
5. **Emotionen ansprechen:** Ich wiederhole die gehörten und wahrgenommenen emotionalen Aspekte des Gesagten. Dies wird *Verbalisieren* genannt. Wenn jemand mitten in einer Problemlösung steckt: *„Ich kann mir vorstellen, dass die Situation sehr belastend ist für dich."* Und wenn die Lösung implementiert wurde: *„Es ist sicherlich eine große Erleichterung für dich, dass du die Situation so lösen konntest."*

Fragen
Neben dem zuhören Können ist das Fragen eine der wichtigsten Führungseigenschaften.

> *Wer fragt, der führt (sokratische Methode).*

Häufig ist der Redeanteil von Führungskräften in Gesprächen mit Mitarbeitenden deutlich größer. Soll dies so sein? Nein! Fragen wirken in Gesprächen steuernd. Sie sind öffnend, zeigen Interesse, werten den Gesprächspartner auf, fordern auf zu Lösungen und zu neuen Sichtweisen. Gerade **offene Fragen** bewirken dies sehr gut (Alter 2015):

- Wer?
- Wie? Wie viel? Wie lange?
- Wo? Wozu?
- Was? Weshalb?

Bei einer „Warum-Frage" ist Vorsicht geboten, weil sie auch als sehr investigativ aufgefasst werden kann.

Weiteres zum Thema „Wertschätzende Kommunikation" findet sich in den Abschn. 2.10 und 2.11. Als Vorgesetzter lohnt es sich sowieso, ab und zu einen Blick in die Führungsliteratur, insbesondere betreffend Kommunikation, zu werfen.

1.3 Eigene Pendenzen und Priorisierung

Dem Management der eigenen Pendenzen und der Priorisierung kommt große Bedeutung zu. Ich arbeite in diesem Bereich wie folgt:

- Meine Agenda pflegen meine Assistentin und ich penibel. Da sind nicht nur Treffen und Termine mit anderen aufgeführt, es werden darin auch frühzeitig Zeiten für wichtige Vorbereitungsarbeiten, wie z. B. Vorbereitung einer Vertragsverhandlung oder einer Aufsichtsratssitzung, eingetragen. Damit wird der Grundsatz „Wichtiges vor Dringendem" gelebt (siehe Abschn. 5.12).

- Ich führe nur eine Agenda. Sie enthält geschäftliche sowie private Termine.
- Bei Terminkollisionen, z. B. verursacht durch eine kurzfristig angesagte AR-Sitzung oder ein Elterngespräch, bringen Geschäftspartner sehr viel Verständnis dafür auf, Termine zu verschieben. Voraussetzung ist aber eine offene, ehrliche Kommunikation und dass dies nicht zu oft vorkommt.
- Für die wichtigen Sitzungen (Vorstand, AR) gibt es Protokolle mit Listen der unerledigten Sachen. Diese Listen schaue ich regelmäßig durch.
- In meinem Alltag habe ich immer ein A4-Blatt mit einem Ein-bis-zwei-Wochen-Horizont dabei. Hier notiere ich neue Aufgaben und streiche erledigte genüsslich ab – das befreit.
- Mit schon fast zeremonieller Wirkung nehme ich am späten Freitagnachmittag ein leeres Blatt für die neue Woche zur Hand und trage ein, was alles ansteht. Danach kann ich, mit einem meist guten Gefühl, ins Wochenende starten.
- Wenn ich nicht mehr weiß, wo mir der Kopf steht, und wenn ich keinen Durchblick mehr habe über all die eigenen Ansprüche oder diejenigen anderer, mache ich eine Mindmap.
- In meiner Freizeit, beispielsweise bei einem Spaziergang mit unserer Hündin Cimba, fallen mir häufig gute Ideen und offene, unerledigte Sachen ein. Diese notiere ich mir und schicke eine E-Mail mit einem kurzen Vermerk an mich. Somit kann ich das Thema loslassen im Wissen, dass es nicht vergessen wird.

1.4 Für sich eine Aufgabe finden

Es ist eine Kunst, seinen eigenen, sinnstiftenden, herausfordernden Weg für sich zu finden. Patentrezepte gibt es nicht. Meine Erfahrungen:

- In der Phase der Entscheidungsfindung für die Ausbildung wissen die wenigsten Menschen, was sie machen möchten. Eher weiß man, was man nicht möchte. Dazu kommen Vorstellungen oder gar Erwartungen z. B. der Eltern. Diese schwanken zwischen „Mach etwas, das dir eine gute wirtschaftliche Zukunft sichert", „Worauf du Lust hast" oder dem Werdegang oder gar Fortbestand der familieneigenen Firma.
- Irgendwann entscheidet man sich für eine Ausbildung. Ab diesem Zeitpunkt geht es darum, durch selbst erlebte Erfahrungen das zu finden, was zu einem passt. Es lohnt sich auch, Verrücktes zu probieren und später gegebenenfalls zu korrigieren.
- Mit den Bereichen Strom und Führen habe ich in meinem Leben etwas entdeckt, was ich wirklich gerne mache, was für mich sinnvoll ist, mir täglich Energie gibt. Dass ich einmal hier ankommen werde, wo ich jetzt bin, war für mich noch im Studium unvorstellbar. Dazu haben Jobs in unterschiedlichen Branchen beigetragen. Meine Lehr- und Wanderjahre waren drei jeweils mehrjährige Tätigkeiten in der Maschinenindustrie, in Stromproduktion und -handel und in der Informatikabteilung einer Bank. Diese Arbeiten haben mir dabei geholfen zu verstehen, was meine Stärken und Schwächen sind und wo meine Leidenschaften liegen.

> *Der Sinn des Lebens besteht darin, eine Aufgabe für sich zu finden.*
> *(Wolfgang Stumph, Schauspieler und Kabarettist)*

- Was mache ich, wenn ich mich bei der Arbeit nicht „glücklich" fühle? Wenn ich an einer Arbeitsstelle merkte, dass diese mir Energie stiehlt? Dann habe ich mich konsequenterweise nach einer neuen Stelle umgesehen, was aber nicht heißt, dass man sich nicht auch einmal an einem Arbeitsort durchbeißen sollte. Auf dem Arbeitsmarkt sind Job Hopper nämlich nicht gerne gesehen.

1.5 Erholung, Gesundheit, Ernährung

Niemand, weder der Aufsichtsrat noch die Mitarbeitenden und schon gar nicht die Kunden, möchten einen Vorgesetzten oder Geschäftspartner, der stets überfordert ist und mit seinen Kräften Raubbau treibt. Deshalb:

- Jeder muss selbst darum besorgt sein, dass er sich immer wieder erholen kann.
- Einen Stellvertreter zu haben, kann ein entlastendes Gefühl sein. Hier ist wichtig, diesen bei größeren Themenbereichen regelmäßig „up to date" zu halten.
- Wenn ich die Wahl habe, etwas am Abend – auch wenn es spät wird – noch zu erledigen oder erst am nächsten Morgen, entscheide ich mich für den Abend. Das lässt mich besser schlafen. Das kann aber bei anderen auch umgekehrt sein.
- Bewegung und Sport haben für mich einen hohen Stellenwert und stellen ein Grundbedürfnis dar. Früher waren es Orientierungsläufe, heute Spaziergänge mit dem Hund, Joggen oder Biken. Dafür finde ich immer Zeit. Bewegung und Sport sind gut für die Kondition. Seit ich jeden Morgen 10 Minuten Gymnastikübungen mache, sind meine Verspannungen im Rücken verschwunden. Diese Übungen mache ich morgens, andere Tageszeiten funktionieren bei mir nicht. Im Winterhalbjahr löse ich jeweils ein Abonnement in einem Fitnesscenter. Beim Bewegen kann ich meine Gedanken gut ordnen, ein weiterer Grund, warum ich Bewegung nur empfehlen kann.

- Seit ich 50 Jahre alt bin, benötigen mein Körper und mein Geist mehr Erholung. Dementsprechend versuche ich, die Wochenenden arbeitsfrei zu gestalten.
- Gerade auf dem Weg zu Mitarbeitenden an den verschiedenen Standorten bin ich oft mit dem Auto unterwegs. Diese Reisen beginnen meist frühmorgens. Wenn ich beim Autofahren müde werde, steuere ich eine Raststätte an. Unterstützt durch die immer gleiche Beruhigungsmusik, finde ich schnell für 10 bis 15 Minuten Schlaf (*powernap*), der enorm erholsam ist.
- Einige meiner Mitarbeitenden machen mittags ebenfalls einen *powernap*. Diese Ruhezeit unterstütze und respektiere ich. Persönlich kann ich mir dies in meinem verglasten Büro nicht vorstellen.
- Seit ich mittags nur noch leichte Speisen zu mir nehme, vorwiegend Gemüse und Salat und nur wenig Kohlenhydrate, kann ich mein Gewicht gut halten und falle nachmittags weniger in ein Tief, in dem ich gegen zufallende Augen ankämpfen muss. Ein Ernährungswissenschaftler hat einmal gesagt: „Das Wichtigste an der Ernährung ist die Bewegung." Das ist so zu verstehen, dass Menschen, die sich regelmäßig bewegen, automatisch auf das Essen Lust haben, das dem Körper in dem Moment guttut. Das betrifft die Art und die Menge der Nahrung.

> *Mens sana in corpore sano* | *Ein gesunder Geist in einem gesunden Körper. (Aus den Satiren des römischen Dichters Decimus Juvenal)*

Das obige Zitat ist schon alt, aber immer noch zu beherzigen.

Wenn bei Mitarbeitenden klar wird, dass der Energiehaushalt, der auch als „Work-Life-Balance" oder als „Life-

Balance" bezeichnet wird, im Ungleichgewicht ist, sind sie darauf anzusprechen. Ausfälle, die auf zu große oder falsche Belastung am Arbeitsplatz zurückzuführen sind, kosten den Arbeitgeber meist viel Geld. Vorgesetzte haben also eine doppelte Motivation, dass die Mitarbeitenden gesund sind und gesund bleiben – ihr Wohlergehen und das der Firma.

Sich selbst zu führen bedeutet auch, die eigenen Ressourcen im Griff zu haben. Ein hoher Arbeitseinsatz, Übernahme von Verantwortung und unterschiedlichste Ansprüche an die eigene Person können zu einem enormen Druck führen. Wer den Einsatz von technologischen Möglichkeiten beherrscht, kann dadurch die Effizienz verbessern. Ein unreifer Umgang mit Druck und die permanente Erreichbarkeit über Smartphone, E-Mail und die sozialen Medien können dazu führen, dass man nicht mehr richtig „abschalten" kann. Gerade auch der einfache Zugang zu den geschäftlichen Daten am Abend, am Wochenende und in den Ferien hilft uns nicht, uns wirklich erholen zu können. Burnouts und emotionale Erschöpfung können die Folge sein.

Jeder muss deshalb für sich Regeln definieren, die es ihm erleichtern, nicht auszubrennen. Für mich heißt das:

- Ferien und lange Wochenenden bewusst bereits Anfang des Jahres zu planen, in die Agenda einzutragen und mit den Vorstandskollegen zu koordinieren und diese Freizeiten dann auch wirklich zu nehmen und zu genießen.
- Auf dem PC all das auszuschalten, was darauf hinweist, dass eine neue E-Mail eingegangen ist.
- E-Mail- und handyfreie Zonen schaffen. Hier wird auch von „Digital Detox" (seit 2013 ein fester Begriff im *Oxford Dictionary of English*: die digitale Entgiftung) gesprochen. Das Handy, auch wenn die Weckruf-App sehr nützlich ist, hat nichts im Schlafzimmer verloren. Wenn,

dann allenfalls im Flugmodus, falls sonst kein Wecker vorhanden ist.
- Sport, Bewegung und Hobbys allgemein geben Raum, um abzuschalten.
- Zeit mit Freunden zu verbringen.
- Meditationstechniken und Achtsamkeitsübungen wirklich zu praktizieren.

1.6 Freunde/Beziehungen

Gerade Manager haben ausgefüllte Tage und erhalten immer wieder auch Einladungen zu Veranstaltungen. Diese sind nicht an die Person adressiert, sondern an die Position und Funktion. Mit dem Verlust dieser Position, sei es durch Pensionierung oder Jobwechsel, brechen solche Einladungen weg. Vermeintliche Freunde sind von einem auf den anderen Tag nicht mehr da. Auch deshalb ist es wichtig, Freunde im privaten Umfeld zu haben. Freunde, mit denen ein privates oder geschäftliches Problem besprochen werden kann. Unabhängig davon, wo und was ich arbeite. Je älter ich werde, desto mehr gewinnen Begegnungen in kleiner, ehrlicher Runde an Bedeutung. Dafür versuche ich, größere Veranstaltungen zu meiden.

Es gibt einige wenige Menschen, die haben „einfach so" Freunde. Dazu gehöre ich nicht. Meine Freundschaften wollen aufgebaut und gepflegt werden. Gerade Männer sind oft einsam, auch wenn sie sich dies nicht eingestehen. Zudem reden Männer untereinander lieber über typische „Macho-Themen" als über Wichtiges. Darum empfehle ich Männern: Schließt Freundschaften, verbringt Abende zu zweit oder in kleinen Gruppen und redet nicht nur über Autos, sondern auch über das, was euch wirklich beschäftigt. Ich versuche, solche Freundschaften mit vier meiner besten Freunde zu pflegen. Zudem bin ich Mitglied in einem „gemischten" Literaturclub. Hier haben wir oft, parallel zum Buchinhalt, sehr tiefgründige Gespräche.

Mit meiner Liebe zum Kochen habe ich für mich ein Hobby gefunden, das sehr erholsam ist und von dem die Familie und Freunde profitieren – ich hoffe zumindest hin und wieder. Gerade der Wochenabschluss am Sonntagabend, bei einem feinen Essen im Kreise der Familie, schätze ich sehr. Der gesättigte Bauch bildet die Basis für gute Gespräche und den gemeinsamen Ausblick auf die nächsten ein bis zwei Wochen.

1.7 Was mich wirklich beschäftigt

Spannungen unter Mitarbeitenden oder auch zwischen Mitarbeitenden und mir, bevorstehende, schwierige Personalgespräche, mögliche Trennungen, Kostenüberschreitungen und Terminverzögerungen sind Themen, die mich in der Firma am meisten beschäftigen und mir auch mal eine schlaflose Nacht bereiten.

Privat sind dies die Liebe, die Kinder, die Familie und Beziehungen allgemein.

Meine Lieblingsjournalistin Birgit Schmid, Kolumnistin und Autorin, schreibt wöchentlich großartige Texte in der Kolumne „In jeder Beziehung" der *Neuen Zürcher Zeitung*. Sie analysiert Themen, die unter die Haut gehen, akribisch. Einmal äußerte sie sich auf die Frage, wie es ihr gehe, folgendermaßen:

> *„Es geht mir also gut, wozu das Unausgeglichene gehört, das werde ich nie los. Hinauf und hinunter und hinauf: Das eine bedingt das andere. Wäre es nicht so, wäre ich nicht ich."*

Diese Stimmungsschwankungen kenne ich auch. Wer nicht? Trotzdem scheint mir manchmal, ich sei der Einzige, dem es so geht.

Als Vorgesetzter ist es für mich wichtig, trotzdem ausgeglichen und nicht launisch mit meinen Mitarbeitenden zu sein. Das gelingt sicher nicht immer. An jenen Tagen wäre es gut, sich dies selbst einzugestehen und dem engsten Umfeld in der Firma auch mitteilen zu können. *„Es geht mir heute nicht so gut, bitte nimm es nicht persönlich, wenn ich gereizt reagiere."* Ob ich das jeweils schaffe? Ich weiß es nicht, habe aber die Absicht, es zu beherzigen. Gerade über diese Stimmungsschwankungen sollten wir Männer untereinander vermehrt sprechen (siehe Abschn. 1.6). Je besser die Aufgabe ist, die wir für uns gefunden oder die wir für uns erarbeitet haben (siehe Abschn. 1.4), desto einfacher sind die Stimmungsschwankungen auszuhalten.

Fazit

Ein Vorbild zu sein ist die effektivste Führungsmethode überhaupt. Was der Chef macht, wird kopiert. Dies betrifft Ehrlichkeit, Umgang mit Fehlern, Vertrauen, Mut, Wertschätzung, Kommunikation, Leistung und Aufgabenklarheit.

Chefs müssen aktiv und interessiert zuhören können und auch über Fragen führen.

Kaum jemand schaut nach Vorgesetzten, deshalb müssen sie die Fähigkeit haben, die eigenen Ressourcen gezielt einzusetzen, sich immer wieder erholen zu können, Nein sagen zu können.

Idealerweise bauen auch Chefs bereits während ihrer Karriere ein privates Netzwerk an Freundschaften auf, welches über die Pensionierung hinaus hält. Die Arbeitswelt ist grausam, gerade wenn es um Pensionierungen geht. Hier zählt man von einem Tag auf den anderen nichts mehr, und vermeintliche Freundschaften sind keine.

Weiterführende Literatur

Alter, U. (2015). *Grundlagen der Kommunikation für Führungskräfte: Mitarbeitende informieren und Führungsgespräche erfolgreich durchführen.* Berlin: Springer.
Bleicher, K., & Abegglen, C. (2017). *Das Konzept integriertes Management. Visionen – Missionen – Programme.* Frankfurt a. M.: Campus.
Rüegg-Stürm, J. (2002). *Das neue St. Galler Management-Modell. Grundkategorien einer integrierten Managementlehre: Der HSG-Ansatz.* Bern: Haupt.
Schulz von Thun, F., Ruppel, J., & Stratmann, R. (2003). *Miteinander reden: Kommunikationspsychologie für Führungskräfte.* Berlin: Rohwolt.

# 2

Unternehmenskultur

Einleitung/Theorie
Die Unternehmenskultur ist das Zusammenspiel von Werten, Überzeugungen, Kommunikationsstilen und Umgangsformen des Kollektivs eines Unternehmens. Sie hat viel zu tun mit dem, was man als selbstverständlich betrachtet.

Die Unternehmenskultur fällt Außenstehenden oft prägnanter auf als internen Mitarbeitenden. Man wird sich ihrer aber gerade auch dann bewusst, wenn jemand versucht, etwas neu anzupacken. Es ist frappant, was für unterschiedliche Gefühle das Betreten eines Unternehmens auslösen kann. Gerade auch, wie unterschiedlich einzelne Standorte von ein und derselben Firma sein können. Sie zu beschreiben, ist nicht einfach.

Wie zu einer guten Unternehmenskultur beigetragen werden kann, wird in diesem Kapitel beschrieben. Und weil der Begriff *Kultur* besonders oft darin vorkommt, nachfolgend die Beschreibung aus dem Duden:

> „Gesamtheit der geistigen, künstlerischen, gestaltenden Leistungen einer Gemeinschaft als Ausdruck menschlicher Höherentwicklung"

2.1 Werte

Lange Jahre war mir der Begriff „Werte in Unternehmen" immer etwas suspekt, weil mir unklar war, was darunter zu verstehen ist. Dann fand ich die folgende Definition (Johner et al. 2018, S. 94):

> *Wert ist ein anderer Begriff für gut.*

Meiner Meinung nach unterscheiden sich die postulierten Werte in einzelnen Unternehmen nur geringfügig. Die Frage ist mehr, ob sie auch gelebt werden. Hier kommt der obersten Führungsspitze größte Bedeutung zu. Was sie vorlebt, wird kopiert.

Es gibt Phasen in Firmen, in denen es sinnvoll ist, die Unternehmenskultur, die Werte und die Führungsgrundsätze zu definieren. Ein mögliches Beispiel, eine mögliche Vorlage findet sich in Anhang A.1.

Die Definition und das Beschreiben der Werte, was in Firmen idealerweise gemeinsam in Gremien erfolgt („der Weg ist das Ziel"), ist um einiges einfacher, als diese dann tagtäglich zu leben, gerade auch in schwierigen und hektischen Zeiten.

2.2 Vertrauen und Fehlerkultur

Die Art und Weise, wie mit Fehlern umgegangen wird, prägt die Kultur in einer Firma maßgeblich. Fehler müssen auf den Tisch und dürfen nicht vertuscht werden. Dass dies funktioniert, können die Vorgesetzten mit ihrem Verhalten stark beeinflussen.

Ich habe Mitarbeitende an sechs Standorten und bis zu 150 Kilometer, respektive zwei Autostunden entfernt. Sie spontan zu sehen, geht leider nicht. Deshalb ist für mich der Umgang mit Fehlern mit das Wichtigste, damit im Unternehmen eine **Kultur des Vertrauens** aufgebaut werden kann.

Wenn mir Fehler mitgeteilt werden, agiere ich wie folgt:

1. Ich bleibe ruhig und höre aktiv zu (siehe Abschn. 1.2).
2. Ich sage: Danke, dass du es mir mitgeteilt hast. Wie geht es dir jetzt?
3. Müssen wir sofort etwas tun, um die Fehlerursache und die Auswirkungen zu beheben (Sofortmaßnahme)? Kann ich dich unterstützten?
4. Müssen wir informieren, und wenn ja, wer, wen, wann?

Und dann meist etwas später:

5. Was lernen wir aus diesem Fehler?
6. Welche Vorkehrungen können wir treffen, damit dieser Fehler nicht wieder passiert?

Wie der Vorgesetzte nicht reagieren sollte:

- Die Nerven verlieren, aufbrausen.
- Einen Schuldigen suchen.
- Einen schriftlichen Rapport/eine schriftliche Stellungnahme verlangen.
- Bestrafen.

Das heißt nicht, dass Fehler einfach toleriert werden. Wenn ein Mitarbeitender zu viele Fehler macht, sind mit ihm die Ursachen zu klären, was dagegen unternommen werden kann, ob er in der falschen Funktion oder gar in der falschen Firma ist.

Alle machen Fehler, auch Vorgesetzte. Es macht Vorgesetzte sympathisch und glaubwürdig, wenn sie zu ihren Fehlern und Schwächen stehen können. Idealerweise verbunden mit etwas Selbstironie, ohne aber den Fehler zu bagatellisieren. Es ist gut, wenn derjenige, der Fehler macht, sich erklären kann. Rechtfertigungen braucht es allerdings nicht.

> *„Wer arbeitet, macht Fehler. Wer viel arbeitet, macht mehr Fehler.*

> *Nur wer die Hände in den Schoß legt, macht gar keine Fehler."* (Alfred Krupp)

Was passiert, wenn zu stark auf Fehler fokussiert wird? Die Mitarbeitenden haben Angst, Fehler zu machen. Dadurch begehen sie erst recht Fehler, wirken gelähmt und geraten in einen Teufelskreis. Oder sie arbeiten lethargisch, und niemand möchte mehr Verantwortung übernehmen und Entscheidungen treffen. Alles wird abgeschoben.

Mir ist viel lieber, wenn Mitarbeitende den Mut haben, selbst zu entscheiden, und dies auch mit Freude tun. Durch die individuelle Entscheidungsfindung sollen Mitarbeitende Freiheit und Gestaltungsspielraum erkennen und Freude am Fortschritt entwickeln. Diese Kompetenzen ermöglichen ihnen, qualitativ hochwertige Arbeiten abzuliefern und sich kontinuierlich zu verbessern. Wir müssen alle aber auch akzeptieren, dass es ab und zu Rückschläge gibt und dass wir dazu stehen müssen.

2.3 Vertrauen vs. Kontrolle

Das Spannungsfeld zwischen Vertrauen und Kontrolle kommt deutlich in zwei häufig gehörten, sich widersprechenden Redewendungen bzw. Überzeugungen zum Ausdruck:

„Vertrauen ist gut, Kontrolle ist besser"

versus

„Kontrolle ist gut, Vertrauen ist besser"

Darin steckt einiges an Sprengkraft, weil sich eine Kontrollkultur und eine Vertrauenskultur widersprechen. Für mich ist eine Vertrauenskultur zentral. Ich vertraue meinen Mitarbeitenden prinzipiell und mache damit die besten Erfahrungen.

Das heißt aber nicht, dass Kontrolle nicht wichtig ist. Kontrollieren ist eine wichtige Führungsaufgabe. Selbstverständlich sind in den Prozessen auch Kontrollfunktionen eingebaut, und der Vorgesetzte kontrolliert ergänzend. Zum Beispiel soll immer versucht werden, Zahlen von der Größenordnung her zu plausibilisieren oder wichtige Schriftstücke zuvor anzuschauen. Es gibt Mitarbeitende, die arbeiten erfahrungsgemäß etwas präziser und andere etwas weniger; man kennt seine Mitarbeitenden über die Jahre. Entsprechend muss dort, wo weniger exakt gearbeitet wird, etwas genauer hingeschaut werden.

Ich lasse Wichtiges von denjenigen Personen in der Firma kontrollieren, die dafür am besten geeignet sind. Ich hole Kontrolle (kann auch als Vieraugenprinzip bezeichnet werden) aktiv ein und lebe damit vor, dass Kontrolle etwas Gutes und Wichtiges ist.

Wie vieles andere auch, ist Kontrolle eine Frage des Maßes und des gesunden Menschenverstandes.

2.4 Verhaltenskodex

Es empfiehlt sich, über einen schriftlichen Verhaltenskodex zu verfügen. Dabei sind die meisten Themen den *soft factors* zuzuordnen. Außer einem: Der Umgang mit Geschenken muss klar geregelt werden. Bei uns gilt: „Wir nehmen keinerlei Geldgeschenke an. Ebenfalls dürfen wir keine Naturalgeschenke, anderweitige Zuwendungen und Begünstigungen im Wert von über CHF 200 annehmen, die uns aufgrund unserer Tätigkeit in der Firma gemacht werden. Einladungen zu Veranstaltungen und Reisen sind, sofern sie den Wert von CHF 200 übersteigen, mit dem direkten Vorgesetzten zu besprechen. Übersteigen sie den Wert von CHF 500, ist zusammen mit dem Vorgesetzten und dem CEO eine Lösung zu finden."

Das Beispiel eines Verhaltenskodex befindet sich in Anhang A.2.

Für mich als CEO gilt diesbezüglich dasselbe wie für meine Mitarbeitenden. Wenn ich an Veranstaltungen teilnehme, die in die o. g. Kategorie fallen, teile ich dies dem AR-Präsidenten mit. Auch hier gilt es, transparent zu sein.

2.5 Umgang mit anderen Meinungen

Teams mit heterogener Zusammensetzung treffen bessere Entscheidungen. Der Weg bis zur Entscheidungsfindung ist anstrengend, aber die Resultate sind meist ausgewogener. Ideal erscheint in diesem Zusammenhang eine Kultur des „Streits" oder etwas ausgewogener der „Auseinandersetzung". Darunter wird verstanden, seinen eignen Standpunkt überzeugt zu vertreten, ohne schnell beizugeben. Der Andere darf seinen Standpunkt einnehmen. Der „Streit" sollte letztlich etwas Positives hervorbringen – einen Kompromiss, der überzeugend nach außen vertreten werden kann.

Soweit die Theorie. Diese in die Praxis umzusetzen, ist erfahrungsgemäß schwierig. Die Streitkultur basiert auf Vertrauen, Wertschätzung und Respekt.

Wir versuchen das als Vorstand vorzuleben. Einerseits, indem wir die Streitkultur praktizieren. Andererseits, wenn es darum geht, Vorstandsentscheidungen zu kommunizieren. Hier ist wichtig, dass man nicht nur die Beschlüsse kommuniziert, sondern auch welche Varianten diskutiert und welche Entscheidung schließlich getroffen wurden.

Mit einem Vorstandsmitglied habe ich oft materielle Meinungsverschiedenheiten – wir sind etwas unterschiedlich gestrickt. Beide regen wir uns in diesen Diskussionen übereinander auf. Aber wie in einer langjährigen, guten Ehe oder Beziehung wissen wir, dass beide von wichtigen Teilaspekten überzeugt sind und dass es sich lohnt, zu verhandeln, bis wir eine Lösung haben, die für uns beide stimmt. Es ist dann oft so, dass es nach einer Stunde Diskussion und sobald diese emotional wird besser ist, die Diskussion für zwei bis drei Tage zu unterbrechen. Nachdem wir darüber geschlafen haben, finden wir die Lösung oft schneller.

2.6 Leitbild

Die Lehre ist der Meinung, dass zwingend eine Vision, ein Leitbild und eine Strategie erforderlich ist. Oder auch ein Slogan. Ich bin der Meinung, dass dies auf die Phase der Entwicklung ankommt, in der ein Unternehmen ist. Es gibt sehr gute Beispiele von Visionen, aber in vielen Firmen empfinde ich die Vision als „gekünstelt". Das Leitbild ist sinnvoll, wobei gerade auch die Leitbilder unterschiedlicher Firmen sich teilweise sehr ähnlich sind. Abb. 2.1 zeigt das Beispiel der SN Energie.

KUNDEN	MITARBEITENDE
Wir bleiben attraktiv, leben die Partnerschaft mit unseren Aktionären, unterstützen sie im Vertriebshandel und fördern die Zusammenarbeit mit Dritten. Wir sind offen für neue, ausgewählte Aktionärspartner in der Ostschweiz.	Sie sind der Schlüssel zum Erfolg. Wir fördern und fordern sie, honorieren leistungsgerecht und setzen hohe Anforderungen in die Sicherheit von Menschen, Umwelt und Anlagen. Wir sind ein attraktiver Arbeitgeber.

DAFÜR STEHEN WIR EIN

Wir bewirtschaften das bestehende Stromerzeugungsportfolio und bauen es im Spannungsfeld Versorgungssicherheit, Wirtschaftlichkeit, Nachhaltigkeit und Kundenbedürfnis optimal aus. Wir tragen die Energiewende aktiv mit und bevorzugen Engagements bei erneuerbaren Energien, insbesondere bei der Wasserkraft. Wir stehen ein für Energieeffizienz. Wir bleiben eigenständig, schlank und offen für Kooperationen. Wir wollen langfristig Kostenführer bleiben. Wir kommunizieren ehrlich.

Abb. 2.1 Leitbild snenergie.ch/leitbild

Am wichtigsten von alledem erscheint mir eine gut ausformulierte Strategie (siehe Abschn. 3.4).

2.7 Sieben und drei Führungsaufgaben

Führungsaufgaben können in sieben Punkten zusammengefasst werden (Patak und Simsa 2008):

1. Sich selbst führen.
2. Mitarbeitende führen.
3. Zusammenarbeit gestalten.
4. Organisation entwickeln.
5. Aufgaben und Ziele erfüllen.
6. Strategischen Rahmen für die Führungsaktivitäten setzen.
7. Umfeld beobachten, relevante Trends erkennen, Rahmenbedingungen wahrnehmen und deren Bedeutung einschätzen.

Diese sieben Führungsaufgaben gelten für alle Vorgesetzten.

Für mein Führungsverständnis müssten in obiger Liste drei Punkte expliziter erwähnt oder ihr hinzugefügt werden:

- Für eine Strategie und Ziele auf allen Stufen sorgen.
- Mit Mitarbeitenden Ziele *vereinbaren* und sie bei der Erreichung der Ziele unterstützen und coachen.
- Priorisieren. Falls mit den vorhandenen Ressourcen nicht alle Aufgaben erledigt und die angestrebten Ziele nicht erreicht werden können, hat der Vorgesetzte zu priorisieren.

2.8 Partizipativer Führungsstil

Wenn in Firmen unterschiedliche Führungsstile aufeinanderprallen, wird es schwierig. Ich plädiere stark für den partizipativen Führungsstil, der folgendermaßen definiert ist:

> *Führungsverhalten, das wesentlich darauf beruht, dass der Führende die Unterstellten in die Führungsentscheidungen einbezieht.* (Gabler 2020)

Meine Erfahrung ist, dass gut ausgebildete, engagierte Mitarbeitende nur noch Chefs mit partizipativem Führungsstil akzeptieren. Ich bin auch der Überzeugung, dass mit diesem Führungsstil langfristig die besten, nachhaltigsten und kreativsten Lösungen implementiert werden können und dass gute Mitarbeitende nur mit diesem Führungsstil gehalten werden können.

Der Vorgesetzte ist besorgt, dass für seine Organisationseinheit und seine Mitarbeitenden **Ziele** vereinbart werden (siehe Abschn. 5.2 und 5.3). Dazu involviert er die Mitarbeitenden in einem iterativen Prozess, d. h., er bietet ihnen die Möglichkeit, sich bei der Zieldefinition frühzeitig einzubringen.

Für jede etwas komplexere Problemstellung gibt es unterschiedliche Lösungsvarianten. Hier ist wichtig, dass die Involvierten ihre Lösungsvarianten und Ideen benennen können. Das heißt jedoch nicht, dass diese auch umgesetzt werden. Wenn das Team keine Entscheidung findet oder diese für den Vorgesetzten nicht stimmt, entscheidet der Vorgesetzte. Er hat aber zu begründen, wieso er sich für diese und nicht für eine andere Variante entschieden hat. Eine mögliche Methode eines Konzepts zum Lösen komplexer Problemstellungen bietet der Problemlösungszyklus (siehe Abschn. 8.1), in Kombination mit der Moderationsmethode, beschrieben in Abschn. 8.2.

Mit anderen Worten: Beim partizipativen Führungsstil müssen sich die Involvierten einbringen können, sie müssen angehört werden. Die Entscheidung wird idealerweise im Team erarbeitet. Wenn es hart auf hart kommt, ist der partizipative Führungsstil kein demokratischer Prozess, sondern der Vorgesetzte entscheidet. Auch im partizipativen Führungsstil muss entschieden werden. Mehr dazu im Abschn. 2.9.

2.9 Entscheiden und Delegieren

Die folgende Beschreibung leitet gut in das Thema ein (Douglas 2009):

> *„Eine gute Entscheidung erfordert das Ausbalancieren der scheinbar gegensätzlichen Kräfte von Gefühl und Verstand. Für eine gute Entscheidung müssen wir die Zukunft voraussagen können, die gegenwärtige Situation möglichst genau abschätzen, uns in die Köpfe anderer hineinversetzen und*

ein gerüttelt Maß an Unsicherheit aushalten. ... Vielleicht reicht es aus, wenn wir uns vergegenwärtigen, dass wir nicht wirklich objektiv sind."

Bei Angelegenheiten, in denen das Fällen von Entscheidungen in meine Kompetenz fällt, gehe ich wie folgt vor.

Bei *einfachen* Fragestellungen
Gespräch mit der von dieser Entscheidung betroffenen Person suchen:

- mögliche Entscheidungen erläutern,
- schnell entscheiden.

Einfache Fragestellungen sind z. B. der Ort für eine Sitzung, das Menü der Generalversammlung, der Termin für das Weihnachtsessen etc. Wenn hier nicht zügig entschieden wird und diese Entscheidungen immer wieder umgestoßen und korrigiert werden, stört das meist die ganze Organisation, und die Effizienz des zuständigen Vorgesetzten wird belächelt.

Bei *komplexen* Fragestellungen
Die wichtigen Entscheidungen für die Zukunft einer Firma sind oft komplex:

- In diesen Fällen habe ich mir angewöhnt, nicht zu schnell, aber auch nicht zu spät zu entscheiden.
- Um eine voreilig gefasste Meinung zu verhindern und sich nicht zu früh in eine Sackgasse zu manövrieren, aus der man möglicherweise nur mit Mühe rauskommt, dürfen Entscheidungen auch etwas dauern und eine Zeitlang in der Schwebe gehalten werden.
- Manchmal ist es nützlich, nicht zu früh zu entscheiden und dies auch zu kommunizieren. Wobei nicht alle Personen mit solch ungewissen Situationen umgehen können.

- Gerne durchlaufe ich für meine eigenen Entscheidungen einen Problemlösungszyklus (siehe Abschn. 8.1). Diese Prozesse sind gut dokumentiert in Haberfellner (2012a) und (Malik (2013b).
- Dazu sind für mich auch Gespräche mit Personen wichtig, die von dieser Entscheidung betroffen sind oder die wertvolle Inputs dazu liefern können.
- Am Schluss entscheide ich nach Abwägen aller Fakten, der Gespräche und meinem Bauchgefühl.

Es ist mir wichtig, dass in einer Firma eine Kultur des Entscheidens gelebt wird und dass Entscheidungen nicht wie heiße Kartoffeln herumgereicht werden. Dies erreicht man dann, wenn man die Mitarbeitenden dazu ermutigt, ihre Kompetenzen und Befugnisse wirklich auszuschöpfen, und sie nach erfolgter Entscheidung darin unterstützt. Auch dann, wenn man realisiert, dass es wohl bessere Entscheidungen gegeben hätte – im Nachhinein ist man immer schlauer. Die Kultur des Entscheidens hängt eng zusammen mit der Fehlerkultur (siehe Abschn. 2.2).

Zum Entscheiden gehört auch, dass man dem Vorgesetzten gewisse Fragen einfach nicht stellt, sondern dass man eigenständig entscheidet. Dieses Verhalten bezeichne ich als „unbossed". Es gibt bei mir immer wieder Situationen, in denen mir Mitarbeitende bei Herausforderungen Fragen stellen, die sie selbst beantworten könnten und sollten.

Ich reagiere dann oft wie folgt:

- *„Bist du sicher, dass du meine ehrliche Antwort auf deine Frage hören möchtest und dass du nicht ohne mein Zutun entscheiden kannst?"*
- *„Ich würde bei der Entscheidungsfindung auch noch die Aspekte X und Y berücksichtigen."*

Schlecht ist, wenn Vorgesetzte einfache Fragestellungen aufschieben und damit Mitarbeitende am effizienten Weiterarbeiten hindern. Dies schafft Unzufriedenheit.

> *Eine der wichtigsten Eigenschaften eines Chefs ist es, die Mitarbeitenden nicht am Arbeiten zu hindern. (Fredy Brunner, ehemaliger Präsident der SN Energie AG und der Kraftwerke Zervreila AG)*

Delegieren zu können ist eine weitere wichtige Führungseigenschaft. Dies deshalb, weil die Mitarbeitenden die meisten Aufgaben viel besser erledigen können als die Vorgesetzten. Der Vorgesetzte soll sich primär auf die sieben ureigenen Führungsaufgaben beschränken (siehe Abschn. 2.7) und alles andere delegieren, seine Mitarbeitenden dann aber dabei unterstützen, die Ziele zu erreichen. Schlimm sind Vorgesetzte, bei denen zu viel über deren Schreibtisch muss und die dann den eigentlichen „Flaschenhals" der Firma darstellen.

Delegieren und Entscheiden bilden für mich eine Einheit. Die Delegation von Entscheidungen an Mitarbeitende hängt vom Entscheidungsspielraum ab, der ihnen eingeräumt wird. Dort, wo ein Entscheidungsspielraum besteht, sollen Mitarbeitende selbst entscheiden können und dürfen.

In diesem Zusammenhang erscheint es mir wichtig, dass man als Vorgesetzter nicht zu viele Funktionen in Verwaltungsräten, Verbänden und Gremien übernimmt. Diese füllen die Agenda so stark, dass kaum mehr Zeit für Führung und Vorausschau bleibt.

Zudem ist es oft eine Ehre und ein Motivationsfaktor für Mitglieder des Vorstandes und Mitarbeitende, wenn auch sie in solchen Gremien Mitglied sein können. Dennoch oder erst recht, weil ich ihnen vertraue und sie unterstütze, sprechen sie sich vor wichtigen Entscheidungen in diesen Gremien meist mit mir ab.

Es gibt aber auch Führungskräfte und Mitarbeitende, die einen sehr guten Job machen, aber schlussendlich nicht gerne entscheiden (siehe Abschn. 5.1). Selbstverständlich unterstütze ich sie bei ihren Entscheidungen oder nehme ihnen diese auch ab, wenn sie das möchten. Oft ist dies jedoch nur noch pro forma.

2.10 Wertschätzung

Wertschätzung bezeichnet die positive Bewertung eines anderen Menschen, gründend auf einer inneren allgemeinen Haltung anderen gegenüber (Höffe et al. 2008). Eine der wichtigsten Eigenschaften eines guten Chefs: der **wertschätzende** Umgang mit Menschen. Nicht nur mit Mitarbeitenden, sondern auch mit Kunden und weiteren Anspruchsgruppen.

Bei schwierigen Verhandlungen kommt es häufig vor, dass Parteien mit starren Vorstellungen und negativen Einstellungen gegenüber der anderen Partei einsteigen. Es gibt dazu bessere Ansätze: Ich überlege mir im Vorfeld, was ich an der anderen Partei (wert-)schätze und wo wir Gemeinsamkeiten haben. Darauf aufbauend gibt es nachhaltigere Lösungen, welche dadurch in wesentlich kürzerer Zeit erzielt werden können.

In Teams (Vorstand, Abteilung, Gruppe), in denen die Wertschätzung verloren gegangen ist, empfiehlt sich, idealerweise unter Miteinbeziehung einer externen Person, folgende Methode: Jeder sagt jedem, was er an ihm schätzt und was er sich von ihm wünscht. Dies kann zu einem neuen, wertschätzenden Umgang beitragen. Die Wiederherstellung einer Atmosphäre, in der man sich gegenseitig Respekt entgegenbringt, muss für den jeweiligen Vorgesetzten eine prioritäre Aufgabe sein.

Nicht schlecht über Dritte zu reden, ist ein wichtiger Teil der Wertschätzung. Gerade Vorgesetzte können dies vorleben, indem sie vor ihren Mitarbeitenden nicht über andere herziehen.

Tab. 2.1 Wertschätzende Kommunikation

Fördert	Behindert
Gefühle	Vorwürfe
Ich-Botschaften	Du-Botschaften
Leise	Laut
Würde	Verachtung
Aktives Zuhören	Monologe
Fragen	Behauptungen

Aus Tab. 2.1 geht hervor, was den wertschätzenden Umgang/die wertschätzende Kommunikation fördert, respektive behindert.

Der wertschätzende, konstruktive Dialog läuft wie folgt ab (Meibom 2018):

- Erkunden (die Situation, den anderen verstehen), beispielsweise mit der Methode des Aktiven Zuhörens (siehe Abschn. 1.2).
- Referieren (dem Dialogpartner die eigene Sichtweise vertraut machen), beispielsweise mit der Methode der gewaltfreien Kommunikation (siehe Abschn. 2.11.4).
- Eine Lösung finden.

Eine Formulierung, die sich dabei sehr bewährt, ist zum Beispiel: „Ja, ich habe dich gehört, und ich füge das Folgende hinzu."

Wertschätzen heißt nicht, dass ich alles vom Gegenüber gut finden muss. Im Gegenteil: Auch meine Position meinem Gegenüber ehrlich darzulegen, ist Wertschätzung. Wertschätzung und Ehrlichkeit sind die Basis für gemeinsame, bessere Lösungen.

> *Das Gegenteil von Liebe ist nicht Hass, sondern Gleichgültigkeit. (Eli Wiesel)*

Wenn mit einem Mitarbeitenden eine Angelegenheit besprochen werden soll und der Vorgesetzte das Gefühl hat, dass etwas fehlt, gibt es zwei Varianten, wie reagiert werden kann:

- Zuerst die schlechte Variante: „Du hast Punkt A vergessen."
- Die bessere: „Hast du an Punkt A gedacht?" oder „Ich würde Punkt A hinzufügen." Je nach Antwort kann immer noch nachgeschoben werden, wie man es machen würde.

2.11 Kommunikation

Gut zu kommunizieren, ist eine große, permanente Herausforderung und gerade für Vorgesetzte von zentraler Bedeutung. Das Thema Kommunikation wird nicht nur in diesem Kapitel bearbeitet, sondern zieht sich durch das ganze Buch hindurch. Die Vorgesetzten müssen sich bewusst sein, dass Kommunikation nie aufhört und dass es sich täglich lohnt, daran zu denken, ob richtig oder ausreichend kommuniziert wurde. Gerade auch deshalb, weil man oft hört, dass mancher Chef nicht kommunizieren kann.

Zitate, die mir zum Thema Kommunikation sehr gut gefallen:

> *Die größte Macht hat das richtige Wort zur richtigen Zeit. (Mark Twain)*

> *Von allen Lebenskompetenzen, die uns zur Verfügung stehen, ist Kommunikation die mächtigste. (Bret Morrison)*

> *Das Wichtigste an Kommunikation ist, zu hören, was nicht gesagt wird.*
>
> *(Peter F. Drucker)*

Die wichtigsten Grundsätze:

- Es ist eine permanente Herausforderung, zu kommunizieren und zu informieren. Sie hört im Führungsalltag nie auf.
- Der Informationsbedarf einzelner Mitarbeiter ist unterschiedlich. Es gibt solche, die sind der Meinung, dass viel zu wenig informiert und kommuniziert wird, wogegen andere vom Gegenteil überzeugt sind.
- Wichtig ist, dass das, was gesagt wird, stimmt.
- Kommunikation besteht immer aus Senden und Empfangen. Auch wenn die Kommunikation des Senders noch so gut gemeint war, wenn sie beim Empfänger nicht richtig ankommt, war sie fehlerhaft. Deshalb ist es wichtig, die richtige Form der Kommunikation zu wählen.
- Es lohnt sich, ein Führungs- und Informationskonzept zu haben (siehe Abschn. 5.4) und es auch zu leben. Das macht Kommunikation verbindlicher und für die Mitarbeitenden berechenbarer.

2.11.1 Feedback

Die mir direkt unterstellten Mitarbeitenden treffe ich regelmäßig, alle ein bis drei Wochen, zu einem sogenannten bilateralen Gespräch. Immer dann, aber auch zwischendurch, ist ein situatives, zeitnahes Feedback wichtig. Dies beinhaltet positive wie auch negative Rückmeldungen von mir wie auch von ihnen. Alle, auch wir Vorgesetzten, brauchen Feedback, um uns weiterzuentwickeln. Der Unterschied liegt darin, dass die einen mehr Feedback brauchen als die anderen. Kleinere, negative „Dinge" aufzusparen und dann erst am Jahresmitarbeitergespräch (siehe Abschn. 7.1.2) kumuliert zu kommunizieren, ist nicht der richtige Weg. Berechtigte Anregungen, Kritik sachlich platziert, sind für beide Seiten bereichernd und ein wesentlicher Faktor der Weiterentwicklung. Auf eine zu häufige Wiederholung von Punkten sollte jedoch verzichtet werden. Sofern mit einer „Schwäche" gelebt werden kann, sollten sich Vorgesetzte und Mitarbeitende auf die Stärken konzentrieren und diese fördern oder Bereiche suchen, in denen die vermeintliche Schwäche durchaus auch als Stärke genutzt werden kann. Ich höre von unterschiedlichsten Personen des Öftern, dass sie vor allem negatives Feedback erhalten und kaum positives. Zusammen mit den mir unterstellten Vorgesetzten versuchen wir ganz bewusst, auch positive Rückmeldungen zu geben und diese sogar etwas höher zu gewichten.

Fazit für Vorgesetzte
Regelmäßig Feedback geben und die positiven Punkte, vor allem Lob, nie vergessen.

2.11.2 Kritik

Unter Kritik verstehe ich das negative Feedback. Auf das Bloßstellen (öffentliche Kritik) eines Mitarbeitenden ist zu verzichten. Dort soll ihm der Vorgesetzte den Rücken stärken, ihn unterstützen. Ein offenes Kritikgespräch oder ein ehrliches Feedback soll unter vier Augen erfolgen. Unverzichtbar für gute Kritikgespräche und Feedback: **Ich-Botschaften**.

2.11.3 Kommunikationsmittel und -wege

Persönliche Gespräche/Telefonate/Videokonferenzen
Die wohl wichtigste Kommunikation überhaupt findet statt, indem man sich persönlich hört und idealerweise auch sieht. Gerade in Firmen mit Standorten, die weit aus-

einanderliegen, bieten sich Telefon- und Videokonferenzen an. Ich rufe meine Vorstands-Kollegen und die Kadermitglieder an den dezentralen Standorten oft an; das ist effizienter als alles andere, und am Ton ihrer Stimme erhalte ich Hinweise, wie es ihnen geht. Zudem sind Telefonate gut kombinierbar mit meinen vielen Autofahrten.

Falls Sitzungen als Telefon- oder Videokonferenzen durchgeführt werden, sind sie mindestens so gut vorzubereiten wie „normale" Sitzungen (siehe Abschn. 5.5.1). Das zeigt sich gerade auch in der Coronaviruskrise.

E-Mail
E-Mails sind sehr hilfreich für die *Informationsvermittlung*. Sie eignen sich aber nicht dafür, sachliche oder schon gar nicht persönliche Probleme zu lösen. Dazu ist zwingend das Gespräch unter vier Augen oder, falls dies nicht möglich ist, das telefonische Gespräch zu suchen. Müssen schlechte, negative Informationen übermittelt werden, ist die betroffene Person zunächst mündlich zu informieren. Wenn möglich „Face to Face", andernfalls telefonisch.

Wenn ich E-Mails sehe, in denen sich z. B. Mitarbeitende bekriegen oder sich Dinge mitteilen, die nicht in E-Mails gehören, suche ich mit den betroffenen Personen immer das gemeinsame Gespräch.

Ich weiß nicht, wie es anderen geht, aber E-Mails, die mehr als 10 bis 20 Zeilen lang sind, lese ich ungern. Möglicherweise bin ich noch etwas altmodisch, aber für sehr wichtige Angelegenheiten, die für die Firma auch noch nach längerer Zeit von Bedeutung sind, schreibe ich Briefe. Diese müssen jedoch nicht zwingend auf dem Postweg, sondern können gut auch als PDF per E-Mail versendet werden.

Informationsschreiben/Newsletter
Elektronisch erscheinende Rundschreiben haben sich etabliert und sind ein gutes Mittel, sich vergleichsweise günstig an Ziel-

gruppen, wie Mitarbeitende oder Kunden, zu richten. Der Versand hat regelmäßig und bei aktuellen Anlässen zu erfolgen.

Homepages/Broschüren
Homepages und Broschüren sind ein mittlerweile sehr wichtiger Kommunikationskanal, den ich hier aber nur der Vollständigkeit halber aufführe und auf den nicht näher eingegangen wird.

Grammatik
Bei schnellen, kurzen Nachrichten an meine Kollegen, arbeite ich oft ohne Anrede und mit Abkürzungen (z. B. FYI = For Your Information). Bei diesen Schriftstücken unterlaufen mir manchmal Schreibfehler, was aber nicht von großer Bedeutung ist, da die Informationen intern ausgetauscht werden und meist administrativer Natur sind. Im Schriftverkehr mit Externen, mit Kunden und bei formellen Schreiben an Mitarbeitende ist es mir sehr wichtig, dass eine Zweitperson das Dokument auf Fehler überprüft. In der Regel macht dies meine Assistentin.

2.11.4 Gewaltfreie Kommunikation (GfK)

In heiklen Situationen empfiehlt sich der Aufbau eines Gespräches nach der Methode der „Gewaltfreien Kommunikation (GfK)" (Rosenberg 2016) (Abb. 2.2).

Wenn es darum geht, mit einer Person ein schwieriges Thema zu besprechen, möglicherweise auch eines, das man Tage oder Wochen vor sich herschiebt, ist die GfK eine sehr gute, nichtverletzende Methode dazu. Dies gilt für geschäftliche wie auch für private Angelegenheiten.

Wie bei jeder Methode muss darauf geachtet werden, dass der Einsatz der Methode aus ehrlichen Gründen und

2 Unternehmenskultur

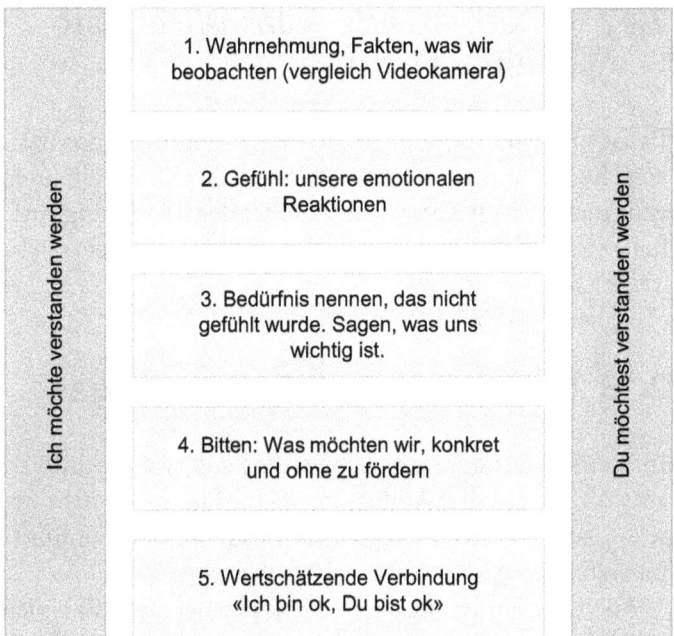

Abb. 2.2 Gewaltfreie Kommunikation (GfK) nach Rosenberg

ohne manipulative Absichten erfolgt. Ein falscher Einsatz kann auch als übergriffig empfunden werden. Manchmal ist es fairer, dem Gegenüber zunächst mitzuteilen, dass man mit ihr oder ihm das Thema nach der GfK-Methode besprechen möchte. So können sich beide darauf vorbereiten (siehe auch Abschn. 2.11.3). Wenn man nicht manipulativ sein möchte, empfiehlt es sich bei fast allen Methoden, sich zunächst auf den Einsatz einer Methode zu einigen (siehe Kap. 8).

Gerade in langen, stabilen Beziehungen mag es hin und wieder einen Streit geben. Da kann die psychologische Methode auch einmal zu viel des Guten sein.

2.12 Mitarbeitende – das Wichtigste in einer Firma

Es ist mir wichtig, die Mitarbeitenden auf der normativen Ebene einzuschließen. Ohne die Mitarbeitenden geht nichts. Weil sie von entscheidender Bedeutung sind, habe ich ihnen einen eigenen Teil gewidmet (siehe Teil IV).

2.13 Innovation und Veränderungen

In meiner Zeit bei einer Schweizer Bank war ich mitverantwortlich für den Aufbau des E-Bankings. Ich habe gesehen, wie neue Technologien ein Businessmodell komplett revolutionieren können.

Auch die Förderung von neuen, erneuerbaren Energien führt dazu, dass sich eine Branche schnell und maßgeblich wandelt. Gerade auch Firmen in der Strombranche tun gut daran, innovativ zu sein, Bestehendes weiterzuentwickeln, sich aber auch neu zu erfinden. Ich bin kein Spezialist im Umgang mit Innovationen. Aber es scheint mir sehr wichtig: eine gute „Mut-Kultur" zu installieren, um Innovationen zu fördern, und auch etwas einfach mal laufen zu lassen, bei dem nicht von Beginn an klar ist, zu was es führen wird. Falls dies misslingt, sollte aus dem Scheitern kein Drama gemacht werden. Wichtig auch: immer wieder nach vorne zu schauen und neue Ziele zu avisieren.

Ich bin ein Fan von kontinuierlichen Verbesserungsprozessen und permanenten, kleinen Anpassungen.

Oft ist es nicht möglich, Innovationen mit den bestehenden Mitarbeitenden und in herkömmlichen Strukturen zum Erfolg zu bringen. Zu groß sind die internen Hemmnisse. Viele internetbasierte Dienstleistungen mussten in eigens dafür geschaffenen organisatorischen Gefäßen, teils auch an neuen Standorten, hochgefahren und später mit dem traditionellen Business zusammengeführt werden.

2.14 Frauen, Eltern und Vereinbarkeit Beruf und Familie

Ein Phänomen beschäftigt mich immer mehr, und es macht sich in mir eine gewisse Ohnmacht breit, weil ich nicht weiß, wie dieses Problem zu lösen ist. Es geht dabei um das praktische Nichtvorhandensein von Frauen in der Strombranche. Ich kenne nur wenige Frauen, die sich für Stromthemen interessieren. Wir haben wohl Frauen in unterstützenden Bereichen, aber kaum in Linienfunktionen. Alle meine Bemühungen bei der Einstellung von Frauen im Stromhandel, im Kraftwerkseinsatz, in der Instandhaltung oder bei Kaderfunktionen scheiterten. Dabei bin ich überzeugt, dass gemischte Teams bessere, nachhaltigere Lösungen finden. Dass die Strombranche einen technokratischen Ruf hat und immer hatte, liegt einerseits daran, dass wir lange im Monopol tätig waren und dass das Netz immer noch ein natürliches Monopol darstellt. Andererseits liegt es aber auch daran, dass wir „Strombarone" lange lediglich drei Hauptpfeiler für die schweizerische Stromversorgung kannten: Wasserkraft, Kernenergie und Stromimport und -export. Gerade die Photovoltaik (PV) wurde lange belächelt (ich nehme mich dabei nicht aus, bin mittlerweile aber auch stolzer Besitzer einer PV-Anlage). Ich bedaure immer wieder, wenn bei einem Neubau oder einer Dachsanierung nicht auf PV gesetzt wird. Sonnenenergie hat ein derart großes Potenzial und ihre Nutzung ist politisch derart breit abgestützt, dass es wichtig ist, hier mit großen Schritten voranzugehen. Wenn das Thema gut aufbereitet wird, bin ich überzeugt, dass das Volk auch Willens ist, die zu Beginn anfallenden Mehrkosten auf geeignete Art und Weise zu finanzieren. Ich bin auch hier der Überzeugung, dass wir gezielter die Bedürfnisse der Bürger getroffen hätten, wenn es mehr Frauen in unserer Branche geben würde getroffen hätten, wenn es mehr Frauen in unserer Branche geben würde.

> *Women belong in all places, where decisions are being made.*
>
> *(Ruth Bader Ginsburg)*

Wie wir die Herausforderung, vermehrt Frauen in die Branche zu integrieren, lösen, weiß ich nicht. Es gibt durchaus viele Branchen, in denen ich mir eine Frauenquote vorstellen kann, zumindest in einer Übergangsphase. Aber was nützt eine Frauenquote, wenn das Interesse der Frauen am Strom so klein ist und die Anzahl der Bewerbungen für Linienfunktionen unter 1 Prozent liegt? Ich kann Frauen nur empfehlen, sich in der Strombranche zu bewerben.

Eltern/Familien/Vereinbarkeit mit dem Beruf
Auch heute ist es noch oft so, dass Kinder große Auswirkungen auf die Karriere der Mutter haben – in selteneren Fällen auch auf diejenige des Vaters. Unser Verständnis der Leistungsgesellschaft ist für viele Eltern mit einer zufriedenstellenden Kinderbetreuung erst wenig vereinbar. Ich bin überzeugt, dass Folgendes ein Gebot der Stunde ist, für dessen Umsetzung ich mich im Rahmen meiner Möglichkeiten einsetzen werde:

- Die Geburt eines Kindes darf nicht gleichbedeutend sein mit dem Karriereende oder dem Ausstieg aus dem Berufsleben eines Elternteils. Es muss für beide Elternteile möglich sein, die Karriere fortzusetzen und weiterhin berufs-

tätig zu sein. Falls sich jemand entscheidet, während einiger Jahre aus dem Berufsleben auszusteigen, müssen wir uns dafür einsetzen, dass der Wiedereinstieg ermöglicht wird.
- Mehr Teilzeitjobs müssen geschaffen werden.
- Die Kinderbetreuung muss zwingend vereinfacht werden, damit es sich auch finanziell lohnt, wenn beide Eltern arbeiten.
- Die Entschädigung derjenigen Personen, die Kinder und ältere Menschen betreuen, muss erhöht werden.
- Karrieremöglichkeiten für Frauen müssen geschaffen werden (die heutigen Karrieresysteme sind mehr auf Männer ausgerichtet).
- Bei Mitarbeitenden, die Kinder haben, nachsichtig sein und sie bei Abwesenheiten, bedingt durch die Kinder (Krankheit, Schultermine etc.), unterstützen. Im Gegenzug darf von diesen Mitarbeitenden aber auch ein flexibler Arbeitseinsatz erwartet werden.
- Es sollte der Normalfall sein, dass beide Elternteile nach der Geburt ihrer Kinder während einiger Jahre reduziert arbeiten können.

Kinder

Kinder erziehen ist einfach – außer es sind die eigenen.

Wäre ich nochmals 30, würde ich mein Arbeitspensum während einiger Jahre auf 80 Prozent reduzieren, damit auch meine Frau immer mit einem Fuß im Berufsleben stehen könnte und somit auch die Möglichkeit hätte, Karriere zu machen. Weil mir die Kinder immer wichtig waren – und es auch immer noch sind – versuchte ich, wann immer möglich, abends drei Stunden Zeit für sie zu haben. Damit ich meine eigenen und die beruflichen Ziele trotzdem erreichen konnte, war es die Regel, dass ich nochmals zwei Stunden Arbeitszeit dranhängte, sobald die Kinder im Bett waren. Dies war vor allem auch möglich, weil meine Frau und ich die klassische Rollenaufteilung (die Frau ist nicht oder stark reduziert berufstätig) gewählt haben. Was nicht möglich ist (außer in außerordentlichen Situationen), ist, gleichzeitig kleine Kinder zu betreuen und z. B. Homeoffice zu machen. Hier müssen neue Lösungen entwickelt werden.

2.15 Konflikte

> *Wir brauchen uns nicht weiter vor Auseinandersetzungen, Konflikten und Problemen mit uns selbst und anderen fürchten, denn sogar Sterne knallen manchmal aufeinander und es entstehen neue Welten. Heute weiß ich, das ist das Leben! (Charlie Chaplin)*

Das obige Zitat lässt vermuten, dass man mit Konflikten eigentlich gelassen umgehen könnte. Hier habe ich leider andere Erfahrungen gemacht. Konflikte sind mit das Unangenehmste im Führungsalltag. Sie rauben enorm viel Energie, und gerade deshalb sollten sie gelöst werden. Gut zu wissen ist, dass Konflikte auch immer Chancen bergen, wobei einem dies oft erst im Nachhinein bewusst wird. Charakteristisch für Konflikte ist, *dass die Kommunikation unterbrochen wurde oder Emotionen im Spiel sind*. Was ich nie akzeptiere und was meist auch zur nächsten Eskalationsstufe führt: Konfliktmanagement via E-Mail (siehe Abschn. 2.11.3).

2.15.1 Stufen von Konflikten

Bei der Vermeidung oder der Bewältigung von Konflikten kann es hilfreich sein, sich der Stufe von Konflikten bewusst zu werden (Abb. 2.3).

Die ersten Stufen der Eskalation nach Glasl, angelehnt an Glasl (2013) und Steiger und Lippmann (1999), erkennt man folgendermaßen:

Stufe 1 – Spannung und Verhärtung: Spannungen, Aufeinanderprallen von Meinungen. Gehört oft zum täglichen Leben. Aber es kann sein, dass sich die Situationen nicht auflösen und sich ein Konflikt anbahnt.

Stufe 2 – Debatte und Polemik: Die Kontrahenten überlegen sich, das Gegenüber von der eigenen Meinung zu überzeugen.

Stufe 3 – Taten statt Worte: Die Konfliktpartner erhöhen den Druck. Gespräche werden im Streit abgebrochen, verbale Kommunikation ist kaum mehr möglich.

Stufe 4 – Image und Koalitionen: Weitere Verschärfung. Es werden Sympathisanten gesucht, der Gegner wird denunziert. Es geht mehr und mehr um Macht- und weniger um Sachfragen.

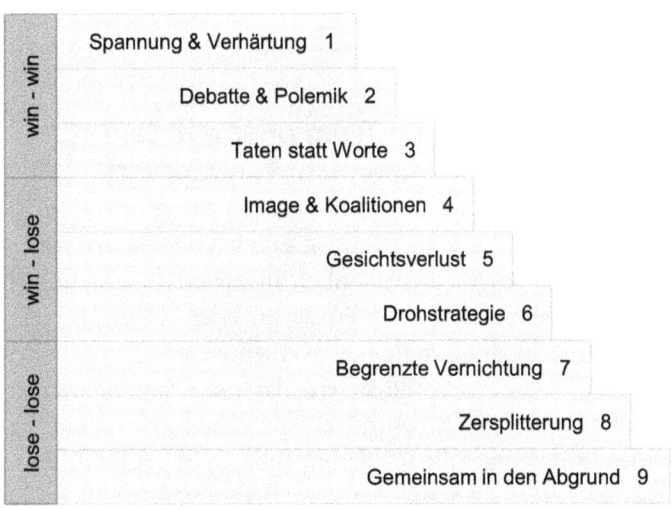

Abb. 2.3 Phasenmodell der Eskalation nach Glasl

Auf die Beschreibung der weiteren Stufen verzichte ich. Sie sind hässlich. Und wenn es so weit kommt, habe ich, in meinem Verantwortungsbereich als Vorgesetzter, versagt.

2.15.2 Ich bin Teil des Konflikts

Wenn ich Teil eines Konflikts bin und alles, was in diesem Teil I „Normative Ebene" steht, nichts mehr nützt, habe ich die Erfahrung gemacht, dass es gut ist, eine externe Person, einen Mediator, hinzuzuziehen. Es lohnt sich in der Regel nicht, damit zu lange zu warten. Die Einbeziehung von Externen empfehle ich ab Stufe 3, spätestens ab Stufe 4 (siehe Abb. 2.3). Es hat sich auch gezeigt, dass gewisse Konflikte so bereits nach wenigen Sitzungen gelöst werden können. Leider ist das jedoch nicht immer der Fall. Dann heißt es durchzuhalten. Gut ist auch, sich eine Zeitlang dem Konflikt zu widmen, dann aber auch eine Weile so zu tun, als ob es ihn nicht mehr gäbe. Teilweise verschwindet der Konflikt dann wirklich. Falls nicht, ist der Prozess der Konfliktlösung wiederaufzunehmen. Der Einsatz von externen Personen bewährt sich mehr als derjenige von internen Personen.

2.15.3 Wenn es im Team oder mit dem Vorgesetzten nicht funktioniert

Wenn ich Konflikte in Teams oder mit Vorgesetzten miterlebe, in die ich nicht persönlich involviert bin, stellt sich mir immer die Frage: laufen lassen oder eingreifen? Um diese Entscheidung treffen zu können, versuche ich, insbesondere mit dem Vorgesetzten, das Gespräch zu suchen. Dies ist immer dann besonders schwierig, wenn dieser Vorgesetzte das eigentliche Hauptproblem ist. Anschließend suche ich mit allen anderen involvierten Personen das Gespräch, meist auch so, dass ich mit jedem einmal unter vier Augen spreche.

Unser Team sorgt für Energie und Spannung!
1. Wir leben einen respektvollen Umgang.
2. Wir sprechen mit – und nicht übereinander.
3. Wir bieten und holen Unterstützung.
4. Wir erteilen Aufträge klar und verständlich.
5. Wir hinterfragen unser Tun, stellen uns den Herausforderungen und übernehmen Verantwortung.

Abb. 2.4 Umgangsregelung in Teams

We always need to hear both sides of a story. (Phil Collins)

Möglicherweise kann ich in manchen Situationen dazu beitragen, den Konflikt zu lösen. In anderen Situation wiederum bin ich nicht die richtige Ansprechperson und ziehe mich zurück. An dieser Stelle eignet sich die Einbeziehung eines externen Coaches. Damit signalisiere ich dem Team, dass der Konflikt gelöst werden soll und dass mir dies als Chef wichtig ist. So hat z. B. eines meiner Teams, in welchem der Konflikt in einer problematischen Art und Weise der Zusammenarbeit bestand, mit der Unterstützung einer externen Person nachfolgende Umgangsregeln erarbeitet (siehe Abb. 2.4).

Diese Umgangsregeln sollten eine Selbstverständlichkeit sein. Auch hier war der Weg, das gemeinsamen Erarbeiten der Teamregeln und das Ausdiskutieren des Konflikts, das Ziel.

Es kann jedoch auch sein, dass all dies nichts nützt. Dann bleiben meiner Erfahrung nach nur noch personelle Konsequenzen. Auch wenn nicht wirklich klar ist, wer die personellen Konsequenzen zu tragen hat und welches die Person ist, die man aus dem Team nimmt, wäre es falsch, nichts zu tun. Es bleiben zwei mögliche Maßnahmen (siehe Abschn. 6.4):

- Versetzen einer Person in eine andere Abteilung, falls dies möglich ist. Wenn dies keine Beruhigung bringt, bleibt nur noch die zweite Maßnahme.
- Trennung von der Person: Es gibt Personen, zwischen denen die Chemie nicht stimmt, und Teams, in denen die Zusammenarbeit nicht funktioniert. Dies ist zu akzeptieren, bringt aber personelle Konsequenzen mit sich. Wichtig ist, vor einer Kündigung auch die anderen Möglichkeiten auszuschöpfen, wie bereits dargestellt wurde.

2.16 Moderator des Prozesses

Wenn eine Thematik aufzubereiten ist, die nicht in der eigenen Entscheidungskompetenz liegt, ist es wichtig, *Moderator des Prozesses* zu bleiben und so eine gewisse emotionale Distanz zum Thema zu wahren. Was bedeutet, dass für die Thematik ein methodisches Vorgehen, z. B. der Problemlösungszyklus gemäß Abschn. 8.1, anzuwenden ist. Es sind verschiedenste Lösungsvarianten aufzuzeigen, und es ist auch möglich, diese zu priorisieren. Im Wissen darum, dass die Entscheidungskompetenz andernorts liegt, darf man sich nicht verrennen. Die methodisch aufbereitete Thematik ist demjenigen Gremium vorzulegen oder zu präsentieren, welches entscheiden wird. Hierauf müssen sich diese einbringen. Gegebenenfalls ist die Thematik gemäß ihrer Priorisierung zu überarbeiten. Dieser Vorgang ist zu wiederholen, bis das Gremium zu einem Entschluss kommt.

Dazu möchte ich zwei Beispiele nennen:

Beispiel 1: Strategieerarbeitung: Der Aufsichtsrat (AR) ist zuständig für die Strategie (siehe auch Abschn. 3). Meine Vorstandskollegen und ich gestalten und moderieren den Prozess, sind uns aber stets bewusst, dass wir am Schluss nicht mitentscheiden werden. Wir bewahren die notwendige Distanz oder versuchen es zumindest. Meist wird dann auch eine Strategie verabschiedet, die durch den Vorstand mitgetragen werden kann. Dies ist wichtig, weil ihm bei der Umsetzung dieser Strategie erneut eine Schlüsselfunktion zukommt.

Der Prozess kann aber dazu führen, dass der AR eine Strategie verabschiedet, hinter der ich als CEO nicht grundsätzlich stehen kann. Wenn dem so ist, ist dies dem AR unmissverständlich mitzuteilen. Anschließend passt er die Strategie entweder an oder ich, als CEO, ziehe die Konsequenzen und verlasse das Unternehmen.

Beispiel 2: Strom- und Energieversorgung der Schweiz im Winter: Schon heute importieren wir enorm viel Strom aus fossilen Energieträgern (Erdölprodukte, Gas). Das Schweizer Volk hat 2017 mit der Initiative zur Energiestrategie 2050 beschlossen, dass keine neuen Kernkraftwerke mehr gebaut werden und die alten nur noch so lange betrieben werden dürfen, wie sie sicher sind. Derzeit möchte kaum mehr jemand zusätzliches CO_2 ausstoßen. Vielerorts werden Klimanotstände ausgerufen. Windenergieanlagen ist kaum jemand zugetan, Photovoltaik bringt im Winter fast nichts, zusätzliche Wasserkraftwerke wird es nur noch wenige geben. Worin sehe ich meine Rolle? Die Herausforderung an und für sich kann ich nicht lösen. Aber ich kann in dem Umfeld, das auf mich hört, Aufklärungs- und Grundlagenarbeit leisten und damit zur Lösungsfindung beitragen. Es erscheint mir wichtig, dass ich mich nie in eine Richtung verrenne, sondern über der Sache stehe und Tag für Tag versuche, meinen Beitrag, auch als Moderator, zu leisten.

> *Gib mir die Gelassenheit, Dinge hinzunehmen, die ich nicht ändern kann, den Mut, Dinge zu ändern, die ich ändern kann, und die Weisheit, das eine vom anderen zu unterscheiden. (Reinhold Niebuhr)*

Man kann sich nun fragen, ob es feige ist, sich bei gewissen Fragestellungen mehr als Moderator zu sehen. Als Verfechter der Gewaltentrennung bin ich der Überzeugung, dass dies nicht so ist, solange es auch Verantwortungsbereiche gibt, in denen ich selbst und im richtigen Zeitraum die Entscheidungen treffen kann.

2.17 Sicherheit

Die Sicherheit, insbesondere die Personensicherheit, ist ein wichtiger Teil der normativen Ebene. In Abschn. 5.9 wird aufgezeigt, wie es in einer Firma gelingt, eine Sicherheitskultur zu implementieren und zu leben.

2.18 Last but not least

2.18.1 Du, Sie

Nachdem ich in einer Firma gearbeitet habe, die die „Du-Kultur" lebte, war es mir nicht mehr möglich, Mitarbeitende zu „siezen". Gleich am ersten Arbeitstag biete ich meinen Mitarbeitern das „Du" an. Ich habe damit noch nie schlechte Erfahrungen gemacht. Manche Experten behaupten, dass mit der „Sie-Kultur" ein effizientes Zusammenarbeiten kaum mehr möglich ist. So weit möchte ich nicht gehen. Was auf mich immer komisch wirkt sind Firmen, in denen einige miteinander per Du sind, andere jedoch nicht.

2.18.2 Weihnachtsessen

Ein traditionelles Weihnachts-, Jahresend- oder Sommeressen gehört einfach dazu. Es bietet die Gelegenheit, den Mitarbeitenden Danke zu sagen, möglicherweise auch, um einen kurzen Rück- und Ausblick zu geben. Dabei sollte es dann aber auch bleiben. Die eigentliche Jahresendmitarbeiterinformation mache ich zusätzlich und unabhängig von oben erwähntem Essen, dann aber klassisch in einem Sitzungszimmer.

Als Chef ist man auch immer gut beraten, das Weihnachtsessen nicht zu früh, aber auch nicht zu spät zu verlassen. Mitarbeitende schimpfen auch gerne etwas über ihre Vorgesetzten, dies muss nicht einmal böse gemeint sein, gehört aber ein bisschen dazu.

Zusätzlich und nicht kombiniert mit dem Jahresendessen ermutige ich auch jedes Team (d. h. nicht auf Gesamtfirmenebene), einmal jährlich die Partnerinnen und Partner einzuladen. Dies als Geste des Dankes und der Wertschätzung, weil auch sie mit ihrem Dasein und ihrer Unterstützung eine wichtige Rolle übernehmen. In aller Regel wird dies sehr geschätzt, und ich freue mich über alle, die daran teilnehmen.

Darüber hinaus freue ich mich auch immer über Mitarbeitende, die z. B. spontan ein Grillfest, einen Skitag oder eine Bike-Tour organisieren. Dies unterstütze ich stets gerne.

2.18.3 Weihnachtskarten

Alljährlich im Advent erhalte ich so viel Post wie das ganze Jahr hindurch nicht. Oft von Personen, die ich gar nicht kenne, mit denen ich noch nie zu tun hatte oder zuletzt vor langer Zeit. Es sind dies Weihnachtskarten oder politisch-religiös neutral ausgedrückt „Season's Greetings". Meist vorgedruckt und mit vielen Unterschriften.

Ich mag sie nicht, diese Karten.

Aber ich schätze alle Karten und Kontakte, vor und nach Weihnachten, die persönlich sind. An mich persönlich gerichtete Worte und Anrufe, mit denen sich Menschen aus meinem Umfeld bei mir für die Zusammenarbeit im vergangenen Jahr bedanken, freuen mich. Meine Weihnachtskarten sind immer persönlich, ansonsten verzichte ich lieber darauf.

2.18.4 Geschenke (an Personen des anderen Geschlechts)

An Weihnachten oder zum Geburtstag habe ich jeweils das Bedürfnis, meiner Assistentin Danke zu sagen für die gute, ab und zu hektische Zusammenarbeit während des vergangenen Jahres. Auch schenke ich ihr gerne etwas. Hier habe ich gute Erfahrungen damit gemacht, dass ich das Geschenk zuvor mit meiner Frau bespreche oder es auch mit ihr zusammen kaufe.

2.18.5 Pensionäre

Die meisten Pensionärinnen und Pensionäre schätzen es sehr, wenn sie alle 1 bis 2 Jahre zum Mittagessen eingeladen werden. Ich informiere dabei kurz über die wichtigsten Ereignisse in der Firma. Auf ein Rahmenprogramm verzichten wir. Den Ehemaligen soll mit diesen Treffen die Möglichkeit geboten werden, sich über vergangene Zeiten unterhalten zu können.

Mir ist aufgefallen, dass bei gemeinsamen Veranstaltungen von aktiven und ehemaligen Mitarbeitenden zwischen diesen Gruppen kaum eine Kommunikation stattfindet. Deshalb verzichten wir unterdessen auf gemeinsame Anlässe.

> **Fazit**
>
> Was die Unternehmenskultur einer Firma ist, erschließt sich den Mitarbeitenden vor allem auch dann, wenn sie in anderen Organisationen tätig sind. Oder aber von unbeteiligten Dritten. Es ist die Selbstverständlichkeit des Umgangs untereinander. Wichtige Elemente sind das Verhältnis zwischen Vertrauen und Kontrolle, der Umgang mit Fehlern und untereinander sowie mit anderen Meinungen, der Führungsstil, das Fällen von Entscheidungen und wie sie vorbereitet werden sowie der Kommunikationsstil. Aber gerade auch der Umgang mit Mitarbeitenden mit Kindern, mit Älteren oder Pensionierten sagt viel aus über die Unternehmenskultur.

Weiterführende Literatur

Bürgi, D., Johner, P., & Längle, A. (2018). *Existential Leadership zum Erfolg. Philosophie und Praxis der Transformation*. Marshall B. Rosenberg (2016). Gewaltfreie Kommunikation – eine Sprache des Lebens. Junfermann.

Douglas, K. (2009). Richtig entscheiden. *NZZ Folio*. 03/09. https://folio.nzz.ch/2009/marz/richtig-entscheiden-10-tips. Zugegriffen am 10.06.2019.

Forschner, M., Horn, C., Höffe, O., & Vossenkuhl, W. (2008). In O. Höffe (Hrsg.), *Lexikon der Ethik*. München: C. H. Beck. Freiburg im Breisgau: Haufe.

Glasl, F. (2013). *Konfliktmanagement. Ein Handbuch für Führungskräfte, Beraterinnen und Berater*. Bern: Haupt.

Haberfellner, R. (2012a). *Systems Engineering: Grundlagen und Anwendung*. Frankfurt: Orell Füssli.

Haberfellner, R. (2012b). *Systems Engineering. Grundlagen und Anwendung*. Orell Füssli.

Lippmann, E., & Steiger, T. (1999). *Handbuch angewandte Psychologie für Führungskräfte*. Berlin: Springer.

Maier, G. W. (2018). Stichwort: Partizipative Führung. In: Springer Gabler (hrsg.): Gabler Wirtschaftslexikon. https://wirtschaftslexikon.gabler.de/definition/partizipative-fuehrung-45755/version-269043. Zugegriffen am 10.06.2019.

Malik, F. (2013b). *Führen – Leisten – Leben. Wirksames Management für eine neue Welt*. Frankfurt a. M.: Campus.

Malik, F. (2013a). *Führen – Leisten – Leben. Wirksames Management für eine neue Zeit*. Campus.

Patak, M., & Simsa, R. (2008). *Leadership in Nonprofit-Organisationen. Die Kunst der Führung ohne Profitdenken*. Wien: Linde.

Rosenberg, M. B. (2016). *Gewaltfreie Kommunikation – eine Sprache des Lebens*. Paderborn: Junfermann.

von Meibom, B. (2018). Anlässlich des Lehrganges Zenmeditation und Leadership bei Anna Gamma.

Teil II
Strategische Führungsebene

Einleitung/Theorie

Das strategische Management ist die mittlere der drei Führungsebenen des St. Galler Management-Modells. Auf der strategischen Managementebene entwickelt eine Organisation Vorgehensweisen, um ihre normativen Leitsätze zu erreichen. Das Resultat ist die eigentliche Strategie, oft auch als strategische Ziele bezeichnet. Das Ziel ist die Etablierung langfristiger Wettbewerbsvorteile.

Die Bedeutung des Wortes „Strategie" gemäß Duden:

> *„Genauer Plan des eigenen Vorgehens, der dazu dient, ein militärisches, politisches, psychologisches, wirtschaftliches oder ähnliches Ziel zu erreichen, indem man diejenigen Faktoren, die in die eigene Aktion hineinspielen könnten, von vornherein einzukalkulieren versucht."*

Beim bekannten Satz (siehe Abb. 1) „Die richtigen Dinge richtig tun" (Drucker 2002) bezieht sich das erste Satzglied auf die Strategie und das zweite auf die operative Umsetzung:

Es geht in diesem Kapitel darum, die **richtigen** Dinge zu tun, also um die Erarbeitung der Strategie. Der Betrach-

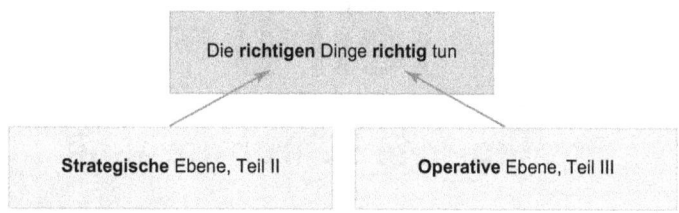

Abb. 1 Strategische und operative Ebenen

tungszeithorizont und die Gültigkeit von Strategien betragen zwei bis fünf Jahre. Viele strategische Entscheidungen entfalten ihre Wirkung erst nach einigen Jahren.

> *Gouverner, c'est prévoir Regieren heißt voraussehen. (Emile de Giradin)*

Diese Entscheidungen zu fällen, ist eine der wichtigsten Aufgabe des Vorstandes (gilt für Deutschland) respektive des Verwaltungsrates (gilt für die Schweiz). Eigentlich ist es also unmöglich, ein Buch zu diesen Themen zu schreiben, das in den deutschsprachigen Ländern lesbar und korrekt ist. Im Wissen darum wird der in diesem Buch geschilderte **Aufsichtsrat** auch mit der Oberleitung der Unternehmung – ähnlich dem Verwaltungsrat in der Schweiz – beauftragt.

3

Erarbeitung der Strategie

Eine Firma braucht eine Strategie. Es muss klar sein, wo die Reise hingeht, worauf in den nächsten Jahren der Fokus gelegt und auf welche Aktivitäten verzichtet werden soll. Die Strategie bündelt die Ressourcen, lenkt die Diskussionen in die angestrebte Richtung und verhindert die Auseinandersetzung mit unnötigen Themen. Von Land zu Land unterschiedlich weisen die Gesetze die Oberleitung der Gesellschaften in Deutschland dem Vorstand zu, in der Schweiz dem Verwaltungsrat. In dieser beschriebenen Musterunternehmung wird davon ausgegangen, dass die Oberleitung der Gesellschaft auch dem Aufsichtsrat zugeschlagen wird.

Die fachliche Kompetenz zur *Erarbeitung* der Strategie muss beim Vorstand und den Kadermitarbeitenden liegen. Sie sind deshalb mit der Strategieerarbeitung zu beauftragen. Die *Genehmigung* und *Verabschiedung* der Strategie gehört in den Aufgabenbereich des Aufsichtsrates.

> *Nur wer sein Ziel kennt, findet den Weg. (Laotse)*

Der Strategieprozess ist ein typischer Vorgang, in dem der Vorstand moderierend wirken muss (siehe Abschn. 8.2). Es ist also wichtig, dass sich der Vorstand nicht in einer Thematik verrennt und dass eine emotionale Distanz gewahrt bleibt.

Es gibt Methoden und Experten, für die an erster Stelle stets die Zieldefinition steht. Dies ist m.E. nicht zwingend. Es kann auch einfach das Gefühl vorherrschen, dass sich nun einiges geändert hat, z. B. am Markt oder an der Regulierung, weshalb die Strategie aktualisiert werden muss. Ich vertrete die Ansicht, dass die Zieldefinition erst am Schluss der Analysephase möglich ist und somit Teil des Fazits darstellt (siehe Abb. 3.1).

Grundlage für jede Strategie ist eine **Analyse**, die durch den Vorstand und die relevanten Kaderleute zu erarbeiten

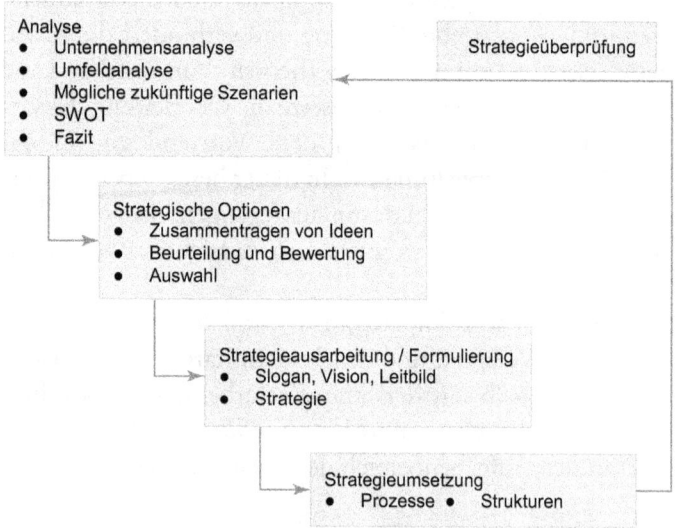

Abb. 3.1 Strategieerarbeitungsprozess

ist. Das Resultat der Analysephase ist ein **Analysedokument** im Umfang von ca. 30 bis 50 Seiten. Dieses ist dem Aufsichtsrat vorzulegen und nach dessen Input zu überarbeiten und zu ergänzen. Aufgrund meiner Erfahrung wird jeweils zu wenig Zeit in die Analyse investiert. Dadurch fehlt die Basis für die weiteren Schritte.

Danach folgt die Phase der **strategischen Optionen**. Hier sollten so viele Ideen wie möglich zusammengetragen werden. Woraufhin die **Bewertung** und die **Auswahl** folgen. Wenn die Strategie materiell klar ist, ist es sehr wichtig, diese gut zu formulieren, da die **Strategie** den unterschiedlichen Zielgruppen kommuniziert werden muss und soll. Wir erstellen aus dem Strategiedokument immer eine Broschüre.

In der Phase der **Umsetzung** ist es maßgebend, den Zielen Taten folgen zu lassen. Dazu wird eine **Strategie-Roadmap** erstellt.

Die **Überprüfung** dieser Strategie-Roadmap erfolgt jeweils aus aktuellem Anlass, mindestens jedoch durch die jährliche Berichterstattung an den Aufsichtsrat. Sollte nach der Überprüfung der Strategie der Eindruck aufkommen, dass diese aktualisiert werden muss, ist das Vorgehen in Abschn. 3.2 beschrieben.

Auch wenn die einzelnen Phasen sich überlappen, ist es trotzdem wichtig, sie mittels Aufsichtsratsbeschluss abzuschließen.

Grafisch wird dies in Abb. 3.1 dargestellt.

Den zeitlichen Ablauf schlage ich gemäß Abb. 3.2 vor.

Für Branchen, in denen „Time to Market" ein entscheidendes Kriterium ist, muss es schneller gehen. In der Strombranche hat es sich jedoch bewährt und es zeigt sich, dass es lohnenswert ist, der Strategiearbeit die benötigte Zeit einzuräumen. Ist eine Firma gut unterwegs, ist beim Strategieprozess keine Eile geboten. Er darf problemlos ein Jahr dau-

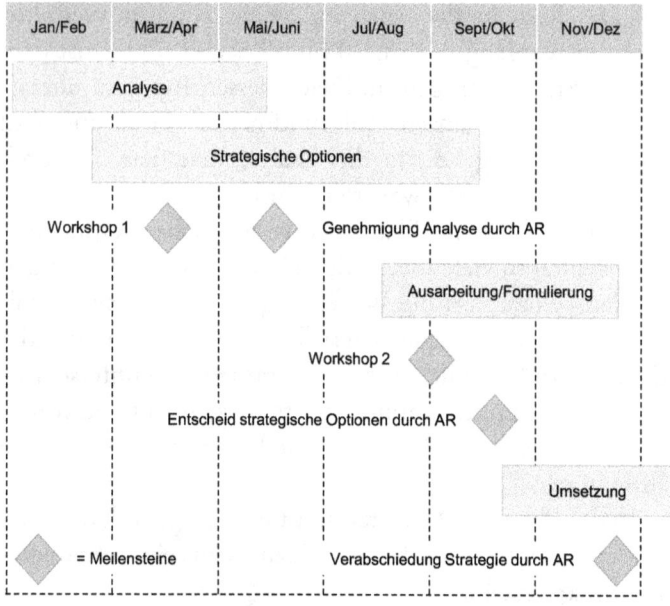

Abb. 3.2 Methodik und zeitlicher Ablauf zur Erarbeitung einer Strategie

ern. Die Strategie ist alle ein bis drei Jahre zu aktualisieren. Es kann sinnvoll sein, externe Spezialisten, Impulsgeber und/oder Strategiemoderatoren für den ganzen Prozess oder auch nur für die Workshops hinzuzuziehen. Das muss aber nicht sein. Ich wechsle jeweils ab.

Raus aus dem Alltag

Mühsam, aber gleichzeitig auch wertvoll bei der Strategiearbeit ist, dass man sich für einige Stunden aus dem Alltag nehmen muss. Dies nicht zu tun, ist meines Erachtens ein großer Fehler. Eine gute Strategiearbeit erspart Zeit. Die Zeitersparnis zahlt sich aus; meist aber erst Monate später in dem Sinne, dass man sich nicht verzettelt und sich nicht mit unnötigen Themen beschäftigt.

3.1 Modelle und Vorgehensplan

Für die Strategieerarbeitung gibt es verschiedenste Modelle. Alle haben unterschiedliche Nuancen, wie z. B. das St. Galler Management Modell, PESTEL-Framework, Ansoff-Matrix, Porter's Five Forces, Modell nach Lombriser etc. Für die jeweilige Phase das richtige Modell zu finden, ist nicht einfach. Es gibt dazu jedoch sehr gute Literatur. Wichtig erscheint mir vor allem, dass die Strategiearbeit regelmäßig gemacht wird und dass sich die Verantwortlichen zuvor auf einen Vorgehensplan einigen.

3.2 Start mit Antrag an den Aufsichtsrat (AR)

Für die Überprüfung der Strategie schreibe ich einen AR-Antrag. Dieser beinhaltet die Vorgehensweise, die Methodik, die Termine der Workshops sowie die Kosten der Strategieüberprüfung. Zudem lege ich im Antrag fest, wer involviert und ob ein externer Coach hinzugezogen werden soll. Bei guter Vorbereitung kann auf dieser Basis effizient über die Rahmenbedingungen der Strategieüberprüfung entschieden werden.

Der AR-Antrag hat eine Vorgeschichte:

- In der AR-Sitzung, bevor der obige Antrag behandelt wird, informiere ich mündlich über die Absichten.
- Nach der AR-Sitzung schicke ich dem Aufsichtsrat eine E-Mail und bitte darin, mir Folgendes mitzuteilen:
  - Generelle Ideen für den Strategieprozess.
  - Vorschläge für Methoden.
  - Welche Fragen sollen im Prozess behandelt werden?
  - Gibt es spezielle Erwartungen im Prozess?

- Vorschläge für externe Unterstützung, speziell Personen, die für die Begleitung des Strategieprozesses geeignet sind.

Dadurch kann sich der AR früh einbringen, und es kann effizient sichergestellt werden, dass ich dem AR einen Antrag präsentiere, der seine und meine Vorstellungen gleichermaßen aufnimmt.

Ein ähnliches Vorgehen schlage ich auch bei anderen Themen ein. Speziell bei etwas komplexeren Themen, bei denen die Lösung nicht auf der Hand liegt und viel Wissen seitens der AR vorhanden ist (siehe Abschn. 4.6).

3.3 Workshops

Bei Workshops, an denen der AR und der Vorstand teilnehmen sollten, haben sich deren zwei bewährt:

- Workshop 1: Analysephase und Sammeln/Zusammenstellen der strategischen Optionen,
- Workshop 2: Auswahl der strategischen Optionen, Diskussion der Strategie.

In **Workshops** werden **keine Entscheidungen** gefällt, dies behindert das freie Denken und Reden. Auch dann nicht, wenn weitgehend Einigkeit besteht. Auch klassischen Protokolle sind nicht erforderlich. Fotoprotokolle sind die geeignete Form, das Diskutierte und Erarbeitete zu dokumentieren.

Es ist hilfreich, Diskussionen nach den Workshops „setzen zu lassen". Manchmal sind auch zusätzliche Abklärungen wichtig. Schließlich sind durch den Vorstand Anträge an den AR auszuarbeiten und durch diesen zu entscheiden.

Ich habe gute Erfahrungen damit gemacht, die AR-Sitzungen, in denen die Strategie beschlossen wird, rund einen Monat nach den Workshops anzusetzen.

3.4 Dokumentation

Die Strategie soll ansprechend dokumentiert sein und ist in unserem Falle im Großen und Ganzen nicht geheim. Geheime Projekte können verklausuliert umschrieben oder im Extremfall auch einmal nicht erwähnt werden. Die folgenden Dokumente haben sich dabei bewährt:

- Analysedokument, auch im Sinne eines Nachschlagewerks,
- Dokument mit den strategischen Optionen,
- ausformulierte Strategie.

Nachfolgend ein Beispiel einer möglichen Dokumentation der strategischen Ziele, respektive der ausformulierten Strategie. Bei SN Energie hängen die Ziele jeweils neben den Kaffeemaschinen und sind damit für alle, auch für Externe, einsehbar. Der AR hat mir explizit erlaubt, diese Strategie zu großen Teilen abzudrucken, in leicht modifizierter Form (Abb. 3.3).

> **Fazit**
>
> Eine Unternehmung braucht eine Strategie. Die Erarbeitung soll vom Vorstand erfolgen, in enger Abstimmung mit dem Aufsichtsrat. Er hat die Strategie zu genehmigen. Eine große Bedeutung kommt der Analysephase zu. Teil einer Strategie ist auch immer eine gut dokumentierte Version für die Mitarbeitenden und weitere Anspruchsgruppen.

Strategie / Strategische Ziele der SN Energie

Kunden, Mitarbeitende, Sicherheit und Energieeffizienz

Wir setzen hohe Anforderungen an die Sicherheit von Menschen, Umwelt und Anlagen. Im Zentrum unserer Aktivitäten stehen unsere Aktionärspartner und Kunden; für sie bieten wir massgeschneiderte, innovative und verlässliche Lösungen. Wir setzen uns für die Energieeffizienz ein. Wir fördern und fordern unsere Mitarbeitenden und honorieren leistungsgerecht.

Rentabilität und Kooperationen

Wir fokussieren uns auf die Tätigkeiten, die langfristig risikoadäquate Renditen genieren oder unseren Aktionärspartnern Nutzen stiften. Wo sinnvoll, bringen wir uns dazu in Kooperation ein. Wir streben ein ordentliches Ergebnis vor Ertragssteuern von 10 % des Betriebsertrages an, um Investitionen tätigen zu können und Reserven zu haben. Wir arbeiten daran, günstige Gestehungs- und wettbewerbsgerechte Beschaffungskosten zu haben. Nebst einem attraktiven Strompreis generieren wir für unsere Aktionäre eine angemessene Rendite.

Zusammenarbeit mit Aktionärspartnern und Kunden

- Wir sind der strategische Strompartner unserer Aktionärspartner und Kunden. Für sie sowie kleinere und mittlere EVUs bieten wir clevere und pragmatische Dienstleistungen an. Wir stärken die Zusammenarbeit innerhalb der SN Gruppe.
- Für unsere Netzkunden sind wir ein verlässlicher Partner.

Strategisches Geschäftsfeld (SGF) Beschaffung und Finanzbeteiligungen

- Wir optimieren das bestehende Beschaffungsportfolio und entwickeln und evaluieren neue Quellen.
- In der Tendenz halten wir die bisherigen Produktions- und Beschaffungsquellen.
- Im Minimum soll dabei die Verpflichtung gegenüber den AP langfristig sichergestellt und somit eingedeckt werden. Um den langfristigen Bedarf im AVG zu prognostizieren, wird auf dem Bemessungsjahr ein Wachstum im AVG zu Grunde gelegt.
- Wir erhöhen den Anteil an erneuerbaren Energien langfristig pro Jahr um 1 - 2 % respektive um 10 – 20 GWh.
- Wir bevorzugen erneuerbare Technologien – insbesondere Wasserkraft und Windenergie.
- Wir sind der Ansicht, dass die Stromversorgung im Winter ohne WKK- oder allenfalls sogar GuD-Anlagen nicht funktionieren wird und verfolgen diese Entwicklung; dies im Wissen, dass zusätzlicher CO_2- Ausstoss politisch nicht gewünscht ist.
- Investitionen sind grundsätzlich auch im europäischen Ausland (v.a. angrenzendes Ausland) und in geförderte Anlagen möglich.
- Wir stehen zu unseren Kernkraftwerksbeteiligungen und setzen uns für deren sicheren und zuverlässigen Betrieb ein. Der Ausstieg erfolgt schrittweise und ist nicht vorzeitig geplant, hingegen verschliessen wir uns nicht bei Opportunitäten.
- Photovoltaik wird in der Schweiz und in Europa zunehmend an Bedeutung gewinnen. Der Bau von Anlagen erfolgt insbesondere durch Private und unsere Aktionärswerke. SN übernimmt dazu keine Anstrengung, es sei denn, dass es gute Gründe dafür gibt.
- Wir verstärken unsere Kompetenzen bei Technologien zur Speicherung und zur Veredelung von Strom. Diesbezüglich sind Investitionen möglich.
- Finanzbeteiligungen und innovative Geschäftsmodelle sind möglich, wenn das Rendite-Risikoprofil stimmt und sich diese Technologien im Bereich unserer Kernkompetenzen befinden.

Wir entwickeln und evaluieren Kraftwerke im Auftrag der Aktionäre und Kunden und schaffen geeignete Möglichkeiten, dass sie sich beteiligen können.

Abb. 3.3 Strategische Ziele 2020 der SN Energie

Technologien

s=stark, m=mittel, w=wenig	Investieren	Beobachten	Keine Aktivität
Wasserkraft Schweiz			
Wind onshore Ausland			
Kernenergie eigene Anlagen (Sicherheit)			
Wärme-Kraft-Kopplung (WKK)			
Photovoltaik			
Speichertechnologien			
Erdgas			
Solarthermie			
Geothermie			
Kohle			

Anmerkung zur Tabelle: Auf Wunsch des AR wurde die Kategorisierung s, m, w weggelassen

SGF Absatz

Wir gestalten das Verhältnis zu unseren Kunden (Aktionären und Dritte) mit innovativen Lösungen und dem Ziel, nachhaltig zu wachsen. Unsere Kunden unterstützen wir beim halten und Gewinnen ihrer Kunden. Primär sehen wir unsere Aktivitäten bei Weiterverteilern, sind aber im Rahmen der Strommarktöffnung auch offen für neue Geschäftsfelder. Wir entwickeln gemeinsam mit den AP ein Vertriebsmodell, Produkte und Dienstleistungen, damit die AP wachsen und ihre Kunden halten können.

SGF Dienstleistungen (DL)

In Abstimmung mit unseren AP erbringen wir Dienstleitungen im Vertrieb und Handel sowie in der Entwicklung, Beratung und Betriebs- als auch Geschäftsführung von Kraftwerken. Wir schöpfen die Möglichkeit flexibler Kraftwerke auch bei unseren Kunden aus. Wir entwickeln neue Lösungen und bleiben fokussiert und schlank.

SGF Netze

Wir gewährleisten eine hohe Versorgungssicherheit und einen effizienten Netzbetrieb und optimieren unseren Ertrag. Wir investieren sinnvoll und effektiv in notwendige Netzausbauten. Wir setzten uns für effiziente Netze über die Eigentumsrechte hinweg ein.

SGF IT

Wir setzen auf Visualisierung und Digitalisierung und investieren in zeitgemässe IT mit dem Ziel, laufend kundenfreundlicher und effizienter zu werden.

Wir setzen uns dafür ein, dass bei elog Strategie, Prozesse und Strukturen so angepasst werden, dass elog im geöffneten Markt der beste Energiedatendienstleister in der Ostschweiz wird.

Investitionen

Wir investieren, was uns notwendig und wirtschaftlich sinnvoll erscheint, um unsere Ziele zu erreichen und was wir uns leisten können (unsere Eigenkapitalquote soll höher als 30 % bleiben). Bei den Investitionen generien wir eine risikoadäquate Rendite.

Abb. 3.3 Fortsetzung

Weiterführende Literatur

Bleicher, K., & Abegglen, C. (2017). *Das Konzept integriertes Management. Visionen – Missionen – Programme*. Frankfurt a. M.: Campus.

Drucker, P. F. (2002). *Was ist Management? Das Beste aus 50 Jahren*. Berlin: Econ.

Lechner, C., & Müller-Stevens, G. (2001). *Strategisches Management. Wie strategische Initiativen zum Wandel führen*. Stuttgart: Schäffer – Poeschel.

Rüegg-Stürm, J. (2002). *Das neue St.Galler Management-Modell. Grundkategorien einer integrierten Managementlehre: Der HSG-Ansatz*. Bern: Haupt.

4

Erfahrungen in der Zusammenarbeit mit dem Aufsichtsrat

4.1 Generell

Ich bin ein ausgesprochener Verfechter der Trennung zwischen strategischer und operativer Führung. Die Gewaltentrennung muss gegeben sein. Die Personalunion von Aufsichtsratspräsident und CEO ist ein „no go". Ausnahme: inhabergeführte Unternehmen. Ich habe gelernt, wann immer ein Geschäft dem Aufsichtsrat (AR) „Bauchschmerzen" bereitete, seine Vermutung sich als richtig erwies, das Geschäft entweder fallen zu lassen oder sich noch einmal damit zu beschäftigen. Es erneut aufzuarbeiten und dann dem Aufsichtsrat in verbesserter Form vorzulegen, hat sich stets gelohnt.

Für eine gute Zusammenarbeit zwischen AR und CEO gibt es nachfolgende entscheidende Faktoren und Kriterien, die ein CEO erfüllen muss:

- Fachkompetenz, Branchen- und Marktkenntnisse,
- Führungsfähigkeiten – wie in diesem Buch beschrieben,

- Ehrlichkeit und Transparenz – den AR nie belügen oder ihm etwas vormachen wollen,
- großes Engagement und der permanente Wille, sich verbessern zu wollen,
- Moderationsfähigkeiten (siehe Abschn. 8.2).

4.2 Erwartungen an den Aufsichtsrat (AR)

Von CEO-Kolleginnen und -Kollegen hört man immer wieder, dass der Aufsichtsrat dies und das erledigen muss oder sollte, z. B. auch die Erarbeitung der Strategie. Diese Erwartung ist falsch. Logischerweise muss der AR erfüllen, was im Gesetz steht. Es darf vom AR aber insbesondere erwartet werden, dass er **entscheidet** oder dass er den Vorstand beauftragt, gewisse Themen aufzuarbeiten.

Bei der Strategieerarbeitung liegt m.E. die Hauptarbeit beim Vorstand. Dieser muss den AR nach seinen Vorgaben involvieren. Es war bei uns nie gut, wenn der AR die Strategie erarbeitet hat; er soll aber auf Vorschlag des Vorstandes die Methodik verabschieden und die vom Vorstand erarbeiteten Strategiedokumente beraten, ergänzen und dann vor allem darüber entscheiden.

Die mit Abstand wichtigsten Aufgaben des AR sind, den für die jeweilige Situation besten CEO und die weiteren Mitglieder des Vorstandes für die Firma zu verpflichten und die richtige Strategie zu beschließen.

4.3 Standardtraktanden an den AR-Sitzungen

AR-Sitzungen haben geordnet abzulaufen. Gerade die gesetzlich vorgeschriebenen Rollen des AR müssen uneingeschränkt wahrgenommen werden. Dabei wirkt unterstüt-

Tab. 4.1 Standardverhandlungsgegenstände des AR (Beispiel)

März	Juni	September	Dezember
Quartalsbericht	Quartalsbericht	Quartalsbericht	Quartalsbericht
Jahresrechnung	Überprüfung der Strategie	Beteiligungen: Vertretung	Internes Kontroll-system (IKS)
Geschäftsbericht	Strompreise für das Folgejahr	Termine Folgejahr	Risikobeurteilung
Managementletter der Revisionsgesellschaft			Prognose/Budget
Liste der Verhandlungsgegenstände der Generalversammlung			Anstellungsbedingungen
		Letzter Teil der Sitzung: ohne CEO/Vorstand	Vergütung des AR, Vergütung des CEO/Vorstandes

zend, dass es für die wiederkehrenden Geschäfte eine gewisse Routine gibt.

So bewähren sich folgende Standardverhandlungsgegenstände bei uns (Tab. 4.1).

Hinzu kommen zusätzliche Geschäfte:

- Wichtiges für die Weiterentwicklung der Firma,
- Strategie und Investitionsentscheide,
- zusätzliche/neue Beteiligungen,
- personelle Entscheidungen etc.

4.4 Vorlagen für den AR

Der AR ist sehr gut zu dokumentieren, damit er Entscheidungsgrundlagen hat. Ein Geschäft auf wenigen Seiten nachvollziehbar zu beschreiben, ist eine Herausforderung.

Die Vorlagen sollen möglichst immer ähnlich aufgebaut sein und sind eine Kurzform des Problemlösungszyklus (siehe Abschn. 8.1):

- Antrag,
- Ausgangslage/Problemstellung,
- mögliche Lösungen,
- Auswahl/Beschreibung der gewählten Lösung,
- Umsetzungsvorschlag/Finanzielles.

Es gibt Vorlagen (wie z. B. Budget, IKS, Risikobeurteilung etc.), die von der obigen Struktur abweichen. Die Vorlagen sind jeweils eindeutig zu nummerieren. Es gibt Vorlagen, an denen mehrere Personen arbeiten. Ich habe die Erfahrung gemacht, dass es besser ist, wenn ich als CEO mit der Vorlage starte und die Struktur vorgebe. Dann notiere ich, welche Fachpersonen welchen Input einzufügen haben. Werden zu viele Freiheiten gewährt besteht die Gefahr, dass die Vorlagen unstrukturiert und zu umfangreich werden. Es gibt immer wieder Kollegen und Mitarbeitende, die das Gefühl haben, dass der AR nicht sieht, wie viel sie leisten, wenn sie eine kurze Vorlage schreiben. Es ist eine Kunst, das Wesentliche kurz und prägnant zusammenzustellen.

> *Brevity is the soul of wit. (William Shakespeare) | In der Kürze liegt die Würze.*

4.5 Vorbesprechung der AR-Sitzung

Die AR-Sitzungen bereite ich mit dem Präsidenten akkurat vor. Dabei werden ihm die Liste der Verhandlungsgegenstände sowie die Vorlagen zuvor als Entwurf zugestellt. In einer Vorbesprechung werden die Vorlagen besprochen, bereinigt und anschließend dem übrigen AR zugestellt. Dies erfolgt mindestens 10 Tage vor der Sitzung.

4.6 Bildung einer Task Force

In Aufsichtsräten ist in der Regel große Kompetenz vertreten. Bei speziellen Themen empfiehlt sich, diese Kompetenz abzurufen und eine Taskforce zu bilden. Für Taskforce wird auch der Begriff Ausschuss verwendet, der mir jedoch überhaupt nicht gefällt. Die Taskforce erarbeitet Lösungen nach klarer Vorgabe des AR. Eine mögliche Form solcher Vorgaben bildet der Projektauftrag (siehe Abschn. 5.11.1)

Wenn es um viel Geld geht, bei komplexen Themenstellungen, bei strategisch Wichtigem oder gerade auch dort, wo im Vorstand sehr große Kompetenz vorhanden ist, tut der CEO gut daran, auf eine Taskforce zurückgreifen zu können. Ferner gibt es auch Themen, für die vom AR standardmäßig Taskforces gebildet werden, wenn sie nicht sogar permanent bestehen. Gebräuchlich sind Taskforces für die Bereiche Entschädigung, Risiko und Finanzen, Strategie. Ob einer Taskforce auch eigene Kompetenzen zugesprochen werden sollen oder ob sie als ein vorberatendes Gremium des AR wirkt, ist situativ zu entscheiden.

4.7 Mindestens einmal jährlich ohne CEO

Der Aufsichtsrat muss Gelegenheit haben, sich ohne den CEO und die weiteren Vorstände austauschen zu können. Deshalb empfiehlt es sich, jährlich und in mindestens einer Sitzung den CEO frühzeitig zu verabschieden und die Sitzung ohne ihn fortzusetzen. Hier können beispielsweise auch die Löhne der Vorstände besprochen werden. Es ist ein Vorteil, dies jährlich wiederkehrend durchzuführen. Wenn ein Mitglied des AR eine Sitzung ohne Anwesenheit des CEO verlangt, führt dies sicherlich immer zu Fragen. Deshalb bewährt es sich, dies standardmäßig, mindestens jährlich, einzuplanen. Mir sind auch Firmen bekannt, bei denen der CEO die AR-Sitzungen jedes Mal frühzeitig verlässt, damit der AR die Möglichkeit hat, im geschlossenen Kreise zu diskutieren. Auch dies ist eine gute Lösung.

Ohne einen guten CEO hat es der AR sehr schwer. Der CEO besitzt auch in den Sitzungen des Aufsichtsrats eine wichtige Rolle. Was nicht sein darf, trotzdem aber ab und zu angetroffen wird, ist, dass der CEO den AR führt. Es gibt auch CEO, denen es ein Dorn im Auge ist, wenn der AR ohne sie tagt.

4.8 Protokollführung

Für einen CEO ist es schwierig, das Protokoll von AR-Sitzungen zu führen. Dies, weil er sich voll auf die Sitzung, die Themen und die AR-Mitglieder einlässt. Dafür geeignet ist der Sekretär des AR, der oft auch als CFO fungiert. Es ist nicht einfach, ein Protokoll so zu verfassen, dass die Meinungsvielfalt im AR abgebildet wird, das Protokoll aber trotzdem lesbar bleibt und die Beschlüsse eindeutig formuliert sind.

4.9 Entschädigungen/Löhne des Vorstandes

In einem AR muss eindeutig geregelt sein, wer für die Entschädigung des Vorstandes zuständig ist. Wir handhaben dies wie folgt:

- Der AR berät und beschließt jährlich die totale Entschädigungssumme sowie ggf. weitere Modalitäten und das Anstellungsreglement.
- In dieser Vorlage wird die Kompetenz zur Bestimmung der Entschädigung des CEO und des Vorstandes dem Präsidenten und dem Vizepräsidenten des AR zugeteilt (diese bilden das Entschädigungskomitee).
- Einmal jährlich, in der Regel in der Sitzung ohne den CEO (siehe Abschn. 4.7), wird der Gesamt-AR über die Entschädigung des Vorstandes informiert.

Dies kann auch anders geregelt werden. Wichtig ist, dass dies eindeutig festgelegt ist und dass dazu innerhalb des AR Transparenz herrscht.

4.10 Entschädigungen/ Honorare des AR

Die Entschädigung des AR hat nach einem Reglement zu erfolgen, das durch die Gesellschafter respektive Generalversammlung genehmigt wird. Zudem ist dem Gesamt-AR einmal jährlich Folgendes zur Kenntnis zu bringen und von ihm zu beschließen:

- Entschädigung, Prämie, Sitzungsgelder für jeden einzelnen AR.
- Alle Zahlungen von der Firma an einen AR (und umgekehrt); dies trifft vor allem dann zu, wenn einzelne AR (z. B. Juristen und Consultants) auch beratend für die Firma tätig sind.
- Wer hat welche zusätzlichen Mandate in ähnlichem Umfeld?

Auch hier gilt: Transparenz ist unumgänglich.

4.11 Probleme, Krisen

Bei Problemen und Krisen ist der AR ohne zu jammern zu informieren. Dies immer nach diesem Schema:

- Was ist passiert?
- Was sind mögliche Lösungen?
- Für welche Lösungen hat sich der CEO oder der Vorstand entschieden?
- Wie ist das weitere Vorgehen, wann wird der AR das nächste Mal informiert?

Ich informiere den AR nie über eine Herausforderung, ohne gleich auch das weitere Vorgehen und den Lösungsweg zu nennen. Es kann aber sein, dass ich dem AR mitteile, dass dies oder jenes passiert ist und dass wir einige Tage brauchen, um die Maßnahmen zu erarbeiten. Dieses Verhalten wird vom AR sehr geschätzt.

> **Fazit**
>
> Die Hauptaufgabe des Aufsichtsrates besteht darin, zu kontrollieren und zu entscheiden. Jedes deutschsprachige Land kennt dazu eigene Begriffe und Besonderheiten. Entschieden werden müssen die Strategie und die Kontrollstrukturen. Die wohl wichtigste Aufgabe des AR ist die Ernennung des richtigen CEO, der übrigen Mitglieder des Vorstandes, die Kontrolle dieser Personen sowie die Genehmigung der Strategie.

Teil III

Operative Führungsebene

Einleitung/Theorie

Die dritte Führungsebene des St. Galler Management-Modells ist die Operative. Hier werden die Vorgaben der normativen und strategischen Ebene umgesetzt. Dazu gehören die klassische Führung der Mitarbeitenden, die Bereitstellung der Ressourcen, die Planung und Steuerung, die Definition der Prozesse sowie die Überwachung.

Das operative Management ist auch für den sozialen Aspekt der Mitarbeiterführung, das kooperative Verhalten und die vertikale und horizontale Kommunikation verantwortlich.

Nachdem wir uns im letzten Kapitel damit auseinandergesetzt haben, mittels einer Strategie die richtigen Dinge zu tun, wollen wir sie nun **richtig** tun (Abb. 1):

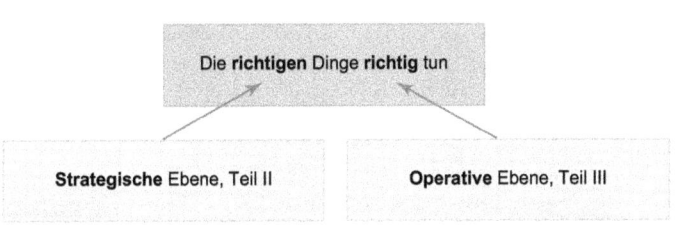

Abb. 1 Strategische und operative Ebenen

Operative Führungsebene

Die operativen Führungsaspekte können auch als Pyramide betrachtet werden. Diese braucht einen organisatorischen Rahmen als solide Basis und eine Ordnung, die dazu beiträgt, dass die Firma als solche qualitativ hochstehend funktioniert. Dazu gehören einwandfrei funktionierende Infrastrukturen wie z. B. die Informatik und Prozesse, z. B. von der Angebotsstellung bis zum Zahlungseingang oder auch Lohnauszahlungen an die Mitarbeitenden. Dies und vieles mehr muss funktionieren, Fehler darf es hier keine geben. Die Elemente der soliden Basis bezeichne ich als **Hygienefaktoren**. Gerade auch Start-ups meinen zu Beginn, darauf verzichten zu können, und irren hier.

Das Vorhandensein der Hygienefaktoren ermöglicht es Mitarbeitenden, sich selbst entfalten zu können, Spitzenleistungen zu erbringen, die für sie persönlich, aber auch für die Weiterentwicklung der Firma enorm wichtig sind. Nachfolgend sind diese als **Motivationsfaktoren** bezeichnet (Abb. 2).

In einer Firma soll nur so viel wie nötig und so wenig als möglich definiert und geregelt werden. Diese Regelungen jedoch sind durchzusetzen. Nachfolgend werden die Instrumente beschrieben, die sich auf der **operativen Ebene** gut bewährt haben. Das Empfinden, ob etwas ein Motivations-

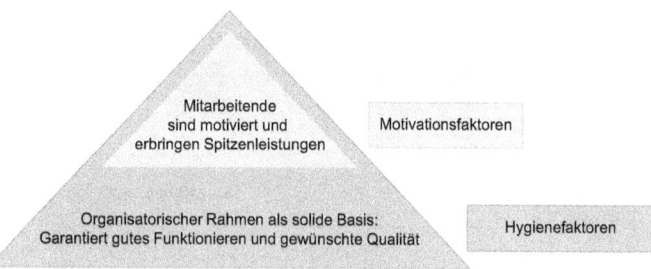

Abb. 2 Hygiene und Motivationsfaktoren

oder ein Hygienefaktor ist, ist abgesehen von der soliden Basis (IT, Anstellungsbedingungen, Weisungen etc.) subjektiv.

> *Mein Verständnis von Führen: Gemeinsam gemeinsame Ziele erreichen oder zielbezogene Einflussnahme auf Handlungen der Mitarbeitenden.*

Führen ist Knochenarbeit. Man muss immer dabeibleiben, nicht locker lassen, mit gutem Beispiel vorangehen.

5
Instrumente und Erfahrungen auf der operativen Ebene

5.1 Aufgaben- und Verantwortlichkeitsmatrix (AVM)

Die AVM in einem Team beschreibt, wer was macht und wer wofür verantwortlich ist. Sie ist eines der wichtigsten Führungsinstrumente, aus den folgenden Gründen:

- Wo Organigramme meist mit Emotionen verbunden sind, kann mit der AVM emotionslos gearbeitet werden.
- Mitarbeitende wollen eindeutig wissen, was sie und was ihre Kollegen zu tun haben. Aus der AVM geht dies eindeutig hervor, und sie kann und soll so lange erweitert und verfeinert werden, bis keine Fragen mehr vorhanden sind.
- Tätigkeiten können so lange heruntergebrochen werden, bis deutlich ist, wer was macht.
- Sehr wichtig ist die Erarbeitung und Besprechung der AVM im Team. Der Vorgesetzte macht jeweils einen

Vorschlag, auf dessen Basis das Team die finale Version erstellt.
- Bei uns im Vorstand hat die AVM den Charakter einer Weisung. Das heißt, sie ist verbindlich. Wie alle Weisungen überprüfen wir sie jährlich und passen sie an, wenn konkreter Anlass besteht.
- Gibt es Themen und Aufgaben, bei denen hinsichtlich der Verantwortlichkeiten noch keine Einigkeit besteht, so sind die betroffenen Zeilen farblich zu markieren. Meist sind dies nur wenige Punkte. Dabei wird einem bewusst, bei wie vielen Themen dagegen Klarheit besteht.

Tab. 5.1 zeigt einen Auszug einer AVM als Beispiel. Die Buchstaben in der Legende können auch anders verwendet oder ergänzt werden. Teilweise sieht man zusätzlich z. B. auch S = Stellvertreter

Die AVM macht die meisten Stellenbeschreibungen obsolet. Stellenbeschreibungen sind nur sinnvoll in Bereichen, die autonom funktionieren oder sehr standardisierte Funktionen haben.

Es gibt Mitarbeitende – auch Führungskräfte –, die nicht gerne entscheiden (siehe auch Abschn. 2.9). Diese verstecken sich hinter (noch so kleinen) Lücken in der AVM. Wenn diese Mitarbeitenden allerdings sonst einen guten Job machen und ihnen die Last des Entscheidens abgenommen werden kann, so sollte der Vorgesetzte dies tun. Mir sind jedoch Mitarbeitende, die gerne selbst entscheiden, lieber – getreu dem Motto:

> *Kompetenzen und Befugnisse hat man nicht; man nimmt sie sich.*

Aber es gibt Grenzen: Gesetze, Statuten, Regelwerke (wie die nachfolgend beschriebene Unterschriftenregelung) sind einzuhalten.

Tab. 5.1 Auszug einer AVM als Beispiel

Aufgabe/Tätigkeit	Funktion				
	CEO	CFO(COO)	Leiter Betrieb	Leiter IT (CIO)	VS Assistenz
Führung der Firma					
Vorstandssitzungen	V	M	M	M	M
Medienarbeit	V				
Mitarbeiterinfo quartalsweise	V				
Aktualität der Homepage	M	M	M	M	V
Erarbeitung der Krisenorganisation	M		V		M
Finanzen					
Erstellung Budgets und Mehrjahresplanung	M	V	M	M	M
Erstellung Jahresrechnung	M	V	M	M	M
Betrieb					
Einhaltung der Sicherheitsvorschriften			V		
Gewährleistung der Verfügbarkeit von > 98 %			V		
Abschluss von Verträgen bis 3 Jahre oder Bestellwert < 100.000		V	V	V	
Abschluss von Verträgen länger als 3 Jahre oder Bestellwert > 100.000	V	M	M	M	

Legende: *V* = Verantwortung, *M* = Mitsprache/Mitwirkung, *I* = Information

Kompetenzen und Befugnisse

Der Begriff Kompetenz führt in der deutschen Sprache immer wieder zu Verwirrung, da er zwei unterschiedliche Bedeutungen hat. Gemäß Duden:

- Sachverstand, Fähigkeiten,
- Zuständigkeit.

Deshalb heißt die oben abgebildete Matrix auch nicht Aufgaben- und *Kompetenz*matrix, sondern Aufgaben- und

*Verantwortlichkeits*matrix. Hinzu kommen die **Befugnisse**. Diese sind zu definieren in der **Weisung Unterschriftenregelung**. Hier ist eindeutig geregelt, wer bis zu welchem Betrag, welcher Vertragsdauer etc. unterschreiben darf.

5.2 Jahresziele des Unternehmens und des Vorstandes

Die Theorie besagt, dass Ziele SMART sein müssen (Abb. 5.1).

Auch wenn es nicht immer gelingt, sollte versucht werden, so viele Elemente wie möglich dieses SMART-Konzepts einzuhalten.

Gerade im partizipativen Führungsstil (siehe Teil I) ist das Vorhandensein von Zielen, ihr gemeinsames Erarbeiten und das Arbeiten auf Ziele hin, zentral. Die Erarbeitung der Jahresziele ist ein Prozess, der sich einerseits an der Strategie und andererseits an der Budgetierung orientiert. Ich eröffne jeweils nach den Sommerferien das Dokument „Jahresziele" und schicke den Vorstandskollegen den Link, damit sie es ergänzen können. Es gilt auch hier die goldene Regel für das gemeinsame Arbeiten an Dokumenten, die besagt, dass man im Dokument Ergänzungen anbringen soll (farblich markiert oder im Überarbeitungsmodus) und dass man nie etwas von einem

S	M	A	R	T
spezifisch	messbar	akzeptiert	realistisch	terminiert
Ziel muss eindeutig definiert sein	Ziel muss messbar oder überprüfbar sein	Ziel muss erstrebenswert sein	Ziel muss möglich & realisierbar sein	Ziel muss mit fixem Datum festgelegt werden können

Abb. 5.1 SMARTe Ziele

Kollegen löscht. Das Löschen von Passagen eines anderen erfolgt entweder nach Rücksprache mit ihm oder im Team.

Bei der Formulierung der Ziele kann man sich auch am Konzept der „Balanced Scorecard" orientieren. Hier werden unterschiedliche Perspektiven eingenommen: finanziell, Kunden, interne Prozesse, Weiterentwicklung und Wachstum der Organisation. Es wird versucht, eine vernünftige Anzahl von Messungen, sogenannte „Key Performance Indicators" (KPI) einzurichten. Dies getreu dem Grundsatz:

> *What gets measured gets done.*

Vernünftige Messparameter zu definieren ist eine Kunst. Insbesondere soll darauf geachtet werden, dass mit nichtrobusten Messmethoden keine falschen Anreize gesetzt werden.

Jahresziele des Vorstandes
Je nach Zielvorgaben des Aufsichtsrates, die explizit oder implizit (z. B. über das Budget) vorgegeben werden können, werden die Jahresziele angepasst. Immer in der letzten Vorstandssitzung vor Weihnachten werden die Ziele so lange bearbeitet, bis alle dahinterstehen können. Als symbolischen Akt werden diese Ziele von allen Vorstandsmitgliedern unterschrieben. Das Dokument ist bei uns firmenintern öffentlich und wird den Mitarbeitenden, die es betrifft oder die sich dafür interessieren, zugänglich gemacht.

Anschließend werden auf dieser Basis die Ziele für die Abteilungen, Teams und Mitarbeitenden heruntergebrochen. Gerade auch Kader- und Schlüsselmitarbeitende sind dazu aufgerufen, ihre Verbesserungsvorschläge frühzeitig einzubringen, damit sie im Vorstandsprozess berücksichtigt werden können.

Tab. 5.2 zeigt als Beispiel einen Auszug aus möglichen Zielen eines Vorstandes.

Diese Art der Zielerarbeitung und der Umgang mit den Zielen haben folgende Stärken:

- Die Ziele für das neue Jahr sind bereits im aktuellen (alten) Jahr festgelegt.

Tab. 5.2 Beispiel der Darstellung von Zielen des Vorstandes

Person	CEO	CFO	Leiter Betrieb (COO)	Leiter IT (CIO)
Sicherheit				
Keine Unfälle	V	V	V	V
Sicherheit ist Standardverhandlungsgegenstand in Vorstandssitzung	V			
Markt und Kunden				
Wir übernehmen die Betriebsführung für ein zusätzliches Kraftwerk		M	V	M
Weitere Themen, interne Prozesse, Organisatorisches				
Der Aufsichtsrat beschließt die aktualisierte Strategie	M	V	V	
Die Konzession für das Kraftwerk X ist erteilt, und der Baustart ist erfolgt	V		M	
Der Server X wurde ersetzt. Kosten, Termine, Unterbrechungszeiten sind eingehalten				V
Die neue Homepage ist live	V			M
Finanzielles				
Wir erzielen ein EBIT von x	V	V	V	
Die Betriebsaufwendungen werden um x % reduziert		M	V	
Einsparungen bei der Refinanzierung von x sind erreicht		V		

Ziele Jahr n *V* = Verantwortung, *M* = Mitwirkung

- Die Vorstandsmitglieder kennen die Firmenziele, können diese mitgestalten, haben sie verinnerlicht; ihre eigenen Ziele fließen in die Zielvereinbarung ein, möglicherweise ergänzt mit persönlichen Zielen.
- Ziele und Budget sind iterativ entstanden und aufeinander abgestimmt.

5.3 Jahresziele der Mitarbeitenden

Die Jahresziele der Firma sind auf die Vorstandsmitglieder, weitere Führungspersonen, Kadermitarbeiter und auf einzelne Mitarbeitende herunterzubrechen (top down, siehe Abschn. 7.1.1). Diese Ziele können und sollen noch ergänzt werden mit Zielen, die im Wirkungsbereich jedes Mitarbeitenden relevant sind (bottom up), sowie mit Themen wie Weiterbildung, aber auch mit Persönlichem (Auftreten, Pünktlichkeit etc.). Aus Effizienzgründen werden diese Ziele im Formular des jährlichen Mitarbeitergesprächs dokumentiert (siehe Anhang A.3).

Bei etwas komplexeren und umfangreicheren Zielen, die auch Projektcharakter haben können, ist die Formulierung eines Projektauftrags notwendig (siehe Abschn. 5.11.1).

Bei Mitarbeitenden, die ihre Leistungen nicht erbringen und mit denen der Vorgesetzte nicht zufrieden ist, sind Ziele (Sach- und Verhaltensziele) besonders wichtig. Der Rhythmus der Zielsetzungs- und Zielerreichungsgespräche ist deutlich zu erhöhen und immer zu dokumentieren. Dieses Vorgehen ist aus zwei Gründen wichtig: Erstens ist dem Mitarbeitenden klarzumachen, dass er sich verbessern muss und dass der Vorgesetzte nicht zufrieden ist, zweitens braucht dies der Vorgesetzte für den Fall, dass er sich von dem Mitarbeitenden trennen möchte.

5.4 Führungs- und Informationskonzept

Im Führungs- und Informationskonzept werden einerseits die Sitzungshierarchie und andererseits der Informationsfluss definiert. Dies schafft Ordnung und gibt Sicherheit.

In Firmen wird häufig kritisiert, dass zu wenig informiert wird. Da aber auch zu viel informiert werden kann, sollte ein guter Mitteilweg gefunden werden. Informationen zeichnen sich durch drei Treiber aus:

- Regelmäßigkeit: Es ist wichtig, dass mit einer gewissen Regelmäßigkeit informiert wird und die Mitarbeitenden sich darauf einstellen können. So wissen sie immer, wann sie spätestens wieder Fragen an die Vorgesetzten richten können.
- Relevanz: Es sind relevante Informationen zu vermitteln. Die Einschätzung, was relevant ist und was nicht, kann aber variieren.
- Aktualität: Bei speziellen Ereignissen ist wichtig, dass schnell informiert wird.

Auf die einzelnen Elemente dieses Konzepts wird in den nachfolgenden Abschnitten eingegangen.

CEO	GL-Mitglieder	Abteilungsleiter	Mitarbeiter
GL-Sitzung (monatlich) Bila (wöchentlich-monatlich) Strategie-/Kaderworkshops Jahresziele und MA-Beurteilung			
Betrieb: MA-Info (quartalsweise, nach VR-Sitzung)			
	Betrieb: wöchentliche Personalinfo (inkl. GL-Info)		
	Betrieb: wöchentliche Bila		
		Abteilung: 3-wöchentlich Sitzung	
		Abteilung: quartalsweise Workshop	

Abb. 5.2 Führungs- und Informationskonzept

5.5 Sitzungen

5.5.1 Grundlegendes

Sitzungen nehmen im Führungsalltag eine wichtige Funktion ein. Für interne Sitzungen gelten nachfolgende Grundsätze:

- Der Entwurf der Tagesordnung wird den Teilnehmenden 5 bis 10 Tage vor der Sitzung zugestellt; diese haben dann die Möglichkeit, eigene Themen einzubringen und Verbesserungsvorschläge mitzuteilen.
- Der Versand der Unterlagen hat 3 bis 5 Tage vor der Sitzung zu erfolgen.
- Von der Sitzung ist zumindest ein Beschlussprotokoll, eine Aktennotiz oder eine kurze E-Mail mit den Beschlüssen zu erstellen (was, wer, wann).

Bei externen Sitzungen werden die Grundsätze der Sitzungen mit den externen Gesprächspartnern abgesprochen.

Viele Besprechungen sind ein deutliches Zeichen für eine schlechte Organisation. (Cyril Northcote Parkinson)

Gegenüber Sitzungen besteht eine große Ambivalenz: Sie werden oft kritisiert, sind verpönt und doch werden sie gebraucht. Wieso sind Sitzungen notwendig?

- **Informationsaustausch und direkter Kontakt**: Nicht alle Informationen können schriftlich übermittelt werden. So besteht in Sitzungen immer die Möglichkeit nachzufragen. Die direkte Kommunikation zwischen Menschen ist von Zeit zu Zeit wichtig. Sie nehmen sich im direkten Kontakt anders wahr, und verbale und nonverbale Kommunikationskanäle kommen zum Tragen.

- **Koordination**: Gewisse Tätigkeiten müssen gemeinsam koordiniert werden. Gerade wenn es z. B. darum geht, welche Personen und Ressourcen wann und wo eingesetzt werden.
- **Meinungsfindung**: In einem Gremium muss sich jedes Mitglied einbringen können. In der Regel leisten alle einen wichtigen Beitrag.
- **Entscheiden**: Am Schluss steht die Entscheidung an. Wenn möglich einvernehmlich, aber nicht zwingend. Falls nicht, ist zu begründen, wieso die Entscheidung zugunsten der Lösung X und nicht der Lösung Y gefallen ist.

Bei einer Sitzung den richtigen Rhythmus, die richtige Häufigkeit festzulegen, ist wichtig. Sitzungen dürfen gerne auch mal kürzer sein, können abgesagt oder als Telefonkonferenz durchgeführt werden. Zu wenige Sitzungen oder das Nichtvorhandensein von Sitzungen führt oft zur Verschlechterung der Kommunikation und kann in Konflikte (siehe Abschn. 2.15) münden. Gerade die Coronapandemie hat gezeigt, dass ein Teil der Sitzungen sehr effizient auch als Online-Konferenzen durchgeführt werden können. Aber nicht alle.

5.5.2 Schwierige Sitzungen

Es gibt sie, die herausfordernden, problembehafteten Sitzungen: Diese sind charakterisiert durch weniger klare Hierarchien, innovative Fragestellungen, große Problemstellungen, komplexe Projekte, bunt zusammengesetzte Teams, Personen, die sich noch kaum kennen etc. Es ist gut investierte Zeit, wenn man sich vor diesen Sitzungen einige Gedanken über den Sitzungsablauf macht.

Oft kommen Teilnehmende gestresst in Sitzungen. Sie sind z. B. mental noch mit anderen Themen beschäftigt, müssen noch dieses und jenes fertigmachen. Das ist in unserer mobilen Welt, mit den Handys und Notebooks und der permanenten Erreichbarkeit, eine große Herausforderung (über die auch ich immer wieder stolpere). Folgende Rezepte können in der Vorbereitung oder während einer Sitzung angewandt werden (Tab. 5.3).

Tab. 5.3 Lösungsvorschläge/Anregungen für schwierige Sitzungen

Check-in	Der Sitzungsleiter legt dar, was ihn beschäftigt, wie es ihm geht, und jeder Teilnehmende der Sitzung tut es ihm gleich. Erst danach wird auf die zu besprechenden Themen eingegangen. Dies hat den Vorteil, dass jeder schon mal „Luft ablassen" und eventuelle Botschaften zu Beginn platzieren kann. Mögliche Fragen: • Was macht euch derzeit das Leben besonders schwer? • Was würdet ihr euch jetzt wünschen? • Oder ganz einfach, falls ehrlich gemeint: Wie geht es euch? Dieser Einstieg wirkt etwas esoterisch. Er muss auch nicht immer so erfolgen. Aber die Erfahrung zeigt, dass es bei gewissen Sitzungen notwendig ist, so einzusteigen. Gerade auch dann, wenn viele „Alphatiere" anwesend sind
Teilnehmer sind oft mit ihren mobilen Devices beschäftigt und unkonzentriert	Es wird vereinbart, dass es Zeiten gibt, in denen Handys ausgestellt und Notebooks/Tablets beiseitegelegt werden
Einer oder mehrere Sitzungsteilnehmende beanspruchen für sich viel Raum und Redezeit (Vielredner)	• Es kann mit einem Objekt (z. B. Ball) gearbeitet werden; nur wer diesen hat, darf sprechen • Die Diskussion wird nicht wild geführt, sondern geht im Kreis herum. Jeder erhält maximal zwei Minuten, sich zu einem Thema zu äußern • Falls es wiederholt vorkommt, mit der betroffenen Person zuvor absprechen

(Fortsetzung)

Tab. 5.3 (Fortsetzung)

Schwieriges Ansprechen	• Wahrnehmungen ansprechen • Ich-Botschaften (siehe Abschn. 2.11.4)
Sich im Vorfeld überlegen, wer aus welchen Gründen welche Rolle einnehmen wird	Als Sitzungsleiter versuche ich mir vorzustellen, welcher Teilnehmende welche Rolle einnehmen wird oder einnehmen muss. Dann überlege ich mir, welche Antworten er erwartet und welche nicht. Perspektivwechsel durchspielen

Es gibt Sitzungen, in denen klar ist, dass im Hintergrund etwas ganz anderes schwelt und beschäftigt. Die Teilnehmenden sind emotional oder in Gedanken an einem anderen Ort. Wird dies nicht angesprochen, besteht die Gefahr, dass die jeweilige Sitzung ziemlich nutzlos bleibt.

5.5.3 Vorstandssitzung (VS)

Die VS ist ein sehr wichtiges Führungsinstrument. Sie findet bei uns in der Regel monatlich statt. Die ersten sechs Verhandlungsgegenstände (Standardverhandlungsgegenstände) werden in jeder VS behandelt. Sie sind nicht wegzudenken und ein wesentlicher Bestandteil von wichtigen Prozessen in der Firma, die dann gut funktionieren und die entsprechende Priorität genießen, wenn sie regelmäßig auch im Vorstand Beachtung finden (Tab. 5.4).

Die Assistentin (Assist.) des Vorstandes führt das Protokoll. Da bei uns die Vorstandsmitglieder physisch nicht am selben Ort arbeiten, gehen wir nach der Sitzung meist zusammen essen. Das bietet uns auch die Möglichkeit, Wichtiges, das nicht unbedingt in eine Sitzung gehört, zu besprechen.

Tab. 5.4 Auszug aus der Tagesordnung einer Vorstandssitzung

Nr.	Beschreibung	Beilage	Wer
Standard - Traktanden			
1	Protokoll der letzten Sitzung	Liste der unerledigten Sachen	x	CEO
2	Rückblick letzte und Ausblick nächste VR-Sitzung	---	CEO
3	Sicherheit (siehe Abschn. 5.9)	---	Alle
4	Jahresterminliste (siehe Abschn. 5.13)	x	Assist.
5	Verträge	Vertragsliste (siehe Abschn. 5.14)	x	Assist.
6	Finanzielle Situation	offene Position Stromhandel	Risikokommitee (sehr spezifisch für die Strombranche)	x	CFO
**Anträge	Beschlüsse**			
7	Projekt C: Antrag	x	Pers. A
8	Projekt B: Statusbericht	x	Pers. B
9	Projekt A: Abschlussbericht	x	Pers. C
10	Überarbeitete Weisung Sicherheit (der Sicherheitsbeauftragte wird via Telefonkonferenz teilnehmen)	x	CEO
**Informationen	Verschiedenes**			
11	Nächste Mitarbeiterinfo	---	CEO

5.5.4 Vorstandsworkshop (VWS)

Bei den Vorstandssitzungen, gemäß vorhergehendem Abschnitt, ist auf ein gutes Tempo zu achten. Das heißt, dass die Informationen und Anträge zügig behandelt werden und dass das Gremium nicht in ein Palaver verfällt. Wird ein zu hohes Tempo angeschlagen, ist es ein Abarbeiten, das kaum zu guten Entscheidungen und keinem guten Informationsaustausch beiträgt. Wenn zu langsam vorgegangen wird, zerfleddert das Ganze.

Ein guter Ausweg ist, dass regelmäßig, d. h. ein bis drei Mal pro Jahr, Workshops eingeschoben werden. Diese Workshops brauchen keiner Standardverhandlungsgegenstandsliste zu folgen und sollen Raum für Themen lassen, über die man schon lange einmal hätte reden sollen, oder auch für eine kreative Diskussion über die Zukunft der Firma, respektive der Abteilung. Von den VWS ist auch kein klassisches Protokoll erforderlich. Meist sind Fotoprotokolle ausreichend.

5.5.5 Mitarbeiterinformationen

Die Mitarbeiterinformationen durch den CEO finden bei uns quartalsweise statt. Thema Nummer 1 ist immer die Sicherheit (siehe Abschn. 5.9), dann Personelles. Danach wird über die Beschlüsse des Vorstandes und des Aufsichtsrats berichtet. Die Dauer beträgt jeweils eine bis maximal zwei Stunden, davor oder danach gibt es meist eine kleine Verpflegung.

Immer vor Weihnachten wird über die Zielerreichung im aktuellen Jahr und über die Ziele des Folgejahrs informiert.

5.5.6 Projektsitzungen

Dies sind wohl die anspruchsvollsten Sitzungen. Es ist eine der Schlüsseleigenschaften eines Projektleiters zu erkennen, wie häufig diese Sitzungen zu erfolgen haben und wie ihr Ablauf ist. Bei Projekten bewährt sich die Einführung eines **„Jour fixe"**.

5.5.7 Bilaterale Gespräche (Bila)

Bei Kadermitarbeitern und im Dienstleistungsbereich tätigen Mitarbeitenden sind regelmäßig (alle ein bis vier Wochen) Gespräche zwischen dem Mitarbeitenden und dem Vorgesetzten wichtig. Ideal sind diese Gespräche auch zur Zielkontrolle, zur Koordination sowie zur Wahrnehmung der Auslastung und des allgemeinen Befindens. Ob und wie die Gespräche dokumentiert werden, hängt vom Einzelfall ab. Am liebsten führe ich gleich während der Sitzung ein ganz einfaches Word-Protokoll (wer, was, wann) und stelle es sofort im Anschluss an die Sitzung dem Mitarbeitenden zur Verfügung. Es gibt dafür aber auch intelligentere Programme wie z. B. OneNote.

Aber auch bei Mitarbeitenden, die z. B. in Kraftwerken im Instandhaltungsbereich tätig sind, ist es gut, wenn der Vorgesetzte mit ihnen monatlich ein Gespräch unter vier Augen führt. Diese Gespräche dürfen auch sehr kurz sein.

5.5.8 Jährliche Gespräche für Mitarbeitende (MA-Gespräch)

Die Beschreibung dieser unerlässlichen Gespräche sind beschrieben in Abschn. 7.1.

5.5.9 Personalkommission (PeKo)

Bei den Kraftwerken Zervreila (KWZ) waren die Mitarbeitenden bis vor einigen Jahren gewerkschaftlich organisiert, und es fand jährlich ein Gespräch unter Einbeziehung eines Gewerkschaftssekretärs statt. Da sich immer weniger Mitarbeitende dieser Gewerkschaft anschließen, diese Gespräche aber von Nutzen für beide Seiten sind, haben wir eine Personalkommission (PeKo) ins Leben gerufen und ein Reglement erstellt.

Reglement der PeKo

- Die PeKo besteht aus vier Personen.
- Diese setzen sich wie folgt zusammen:
  - Je eine Person aus: Leitstelle, Zervreila, Safien, Rothenbrunnen.
  - Der Vertreter der Leitstelle hat den Vorsitz, es sei denn, die PeKo einigt sich auf eine andere Person.

- Neuwahlen alle drei Jahre, d. h. 2019, 2022, 2025 – Wiederwahl möglich.
- Jährlich (Oktober) findet mindestens ein Treffen zwischen der PeKo und mindestens zwei Mitgliedern des Vorstandes statt.
- Die PeKo hat das Recht, auch außerordentliche Sitzungen zu verlangen.
- Falls die PeKo möchte, kann zu diesen Treffen ein Coach hinzugezogen werden, der auch bei der Vorbereitung in den Zentralen zum Einsatz kommen kann.
- Jede Person der PeKo kann diese Tätigkeiten als Arbeitszeit rapportieren (Richtwert pro Jahr ca. 5 Stunden).
- Die Kosten des Coachs werden bis zu einem zu vereinbarenden Kostendach von der KWZ übernommen.
- Probleme, welche nur eine Zentrale betreffen, sollen weiterhin zentralenintern beziehungsweise gemäß Anstellungsreglement gelöst werden.

Mit der PeKo werden sehr gute Erfahrungen gemacht. Sie nimmt eine wichtige Rolle ein und ist gelebte Sozialpartnerschaft. Über den Inhalt des Besprochenen und was vereinbart wurde, wird auch der Aufsichtsrat informiert. In der darauf folgenden Mitarbeiterinformation wird die ganze Belegschaft direkt durch den CEO über Inhalt und Resultat der Sitzung informiert.

5.6 Verhandeln & Verkaufen

Klassische Vertrags- oder Verkaufsverhandlungen erfordern eine besonders gute Vorbereitung. Erfolgsfaktoren:

- Wertschätzung dem Verhandlungspartner gegenüber (siehe Abschn. 2.10).

- Dossierkenntnis.
- Definition der Verhandlungsgrenzen für die entsprechende Verhandlung.
- Sich im Vorfeld bewusst werden, was die Verhandlungspositionen und -grenzen der anderen Partei sein werden; in der Verhandlung dies mit der anderen Partei abstimmen, damit nicht von falschen Annahmen ausgegangen wird.
- Miteinbeziehung der für die Verhandlung am besten geeigneten Person der eigenen Firma oder Einbeziehung von externen Personen; dies darf auch einmal ein Aufsichtsrat oder eine Taskforce des Aufsichtsrates sein (siehe Abschn. 4.6), z. B. ein Jurist/Anwalt.

Bei Verkaufsgesprächen mache ich folgende Erfahrungen:

- Der Käufer möchte die Gewissheit haben, dass er für das Produkt/die Dienstleistung nicht zu viel bezahlt.
- Der Käufer möchte zudem das Gefühl haben, dass er gut verhandelt hat und dass er durch sein gutes Verhandlungsgeschick noch etwas herausholen konnte.
- Dann möchte der Käufer aber auch ganz klar und eindeutig hören, dass dies nun die Schmerzgrenze ist und die Preisverhandlungen abgeschlossen sind. Nicht gut ist, wenn er nach der Verhandlung das Gefühl hat, dass noch mehr drin gewesen wäre.

Wenn meine Mitarbeitenden Kaufverhandlungen geführt haben, rufe ich den Verkäufer nachfolgend mit der Frage an: „Ich würde gerne mit Ihnen zusammenarbeiten. Der Preis erscheint mir aber sehr hoch. Lässt sich da noch etwas machen?". Es ist erstaunlich, was man dann zu hören bekommt, und meist liegt sogar doch noch ein Rabatt drin. Bei Aufträgen, die dem öffentlichen Beschaffungswesen unterliegen, sind diesem Vorgehen natürlich sehr enge Grenzen gesetzt. Zudem muss das Vorgehen mit demjenigen Mitarbeitenden abgestimmt sein, der dafür zuständig ist. Nicht dass dieser das Gefühl hat, ihm werde in den Rücken gefallen.

> There is no such thing as a free lunch. (Milton Friedman)

> If there is, you are the lunch. (Stephan Klapproth)

5.7 Prozesse

Das Denken in Prozessen ist essenziell. In der Phase der „ISO-Zertifizierungen" wurden die Prozessdokumentationen zum Exzess geführt. So falsch dies war, so falsch ist es auch, keine Prozesse zu definieren. Es gibt Firmen, die verwenden für die Prozessdokumentation einheitliche Tools. Kann, aber muss nicht sein.

5.8 Organisation/Organigramm

Die Organisationsstruktur hat sich an den Prozessen auszurichten, welche sich wiederum an der Strategie orientieren. Getreu dem Grundsatz:

> Structure follows process follows strategy. (AD Chandler)

Es geht nicht ohne Organigramme. Die Führung funktioniert aber nicht über Organigramme, sondern viel effektiver über die Aufgaben- und Verantwortlichkeitsmatrix (AVM, siehe Abschn. 5.1) und über die definierten Prozesse.

Aus dem Organigramm sollen die Leiter der Abteilungen und der Bereiche sowie deren Stellvertreter hervorgehen.

Gerade in kleineren Organisationen kann es vorkommen, dass Mitarbeitende für zwei Vorgesetzte arbeiten. Es gibt Konstellationen, da funktioniert dies jahrelang problemlos, dann aber auch solche, da funktioniert das nie. Hier ist eine Einzelfallbetrachtung notwendig.

5.9 Sicherheit

Der Bereich Sicherheit ist sehr wichtig, und kaum eine Firma kommt mehr daran vorbei, diesem Thema eine hohe Managementbedeutung beizumessen. Es geht darum, eine eigentliche Sicherheitskultur zu leben. Unfälle und Vorfälle bringen niemandem etwas:

- zunächst nicht dem betroffenen Mitarbeitenden, der ein lebenslanges Leiden davontragen kann,
- auch nicht dem Unternehmen, das mit dem Betroffenen mitfühlt und auf der Kostenseite betroffen ist,
- und schon gar nicht der Gesellschaft und dem Versicherer.

Passieren kann immer etwas, aber eine gute Sicherheitskultur trägt dazu bei, dass die Unfälle auf ein Minimum reduziert werden, zum Wohle aller.

Auf zwei Bereiche der Sicherheit wird näher eingegangen:

- Personen und Anlagensicherheit,
- Daten- und IT-Sicherheit.

5.9.1 Personen- und Anlagensicherheit

Einleitend möchte ich hier wiedergeben, was mir Lukas Epple, CEO der Firma Vigier (Konzern der Zementindustrie, mit rund 1100 Mitarbeitenden), dazu gesagt hat:

Als er bei Vigier zu arbeiten begonnen habe, sei Sicherheit auf der Managementstufe von untergeordneter Bedeutung gewesen und nicht auf deren Radar. Er hat folgende Maßnahmen ergriffen:

1. *Arbeitssicherheit wurde zur ersten Priorität erklärt (es gibt bei ihm nur ein Ziel mit erster Priorität).*
2. *Als sichtbare Umsetzungsmaßnahmen wurden definiert:*

    a) *Jede Vorstandssitzung beginnt mit dem Verhandlungsgegenstand Arbeitssicherheit.*
    b) *Innerhalb von 24 Stunden möchte er über jeden Unfall informiert sein.*
    c) *Jeder Spartenleiter bekam ein großzügiges Budget für Investitionen in Arbeitssicherheit zur freien Verfügung.*

Das war der Beginn zur Verbesserung der Arbeitssicherheit. Damit konnten innerhalb von fünf Jahren die Unfälle auf ein Drittel gesenkt werden.

Seine Erläuterungen waren für mich Anstoß und Motivation, ebenfalls Anpassungen vorzunehmen.

Bei uns besteht die Sicherheitskultur aus folgenden Elementen:

- Sicherheit ist immer Teil der Strategie (siehe Abschn. 3.4) und der Jahresziele (siehe Abschn. 5.2) und dort jeweils weit vorne zu finden.
- Das Thema Sicherheit steht in jeder Vorstandssitzung auf der Tagesordnung (siehe Abschn. 5.5.3).
- Jeder Mitarbeitende muss auf dem Formular (siehe Anhang A.3.), das für das jährliche Mitarbeitergespräch verwendet wird, folgende Fragen beantworten:

    a) „Sind Sie der Meinung, dass Sicherheit in der Firma N genügend groß gewichtet wird und dass Ihr Ausbildungsstandard in Bezug auf Sicherheit am Arbeitsplatz gut ist?"

b) Meine Sicherheitsausrüstung ist komplett und in einem guten Zustand.
Zur Beantwortung muss ein X bei Ja oder Nein gesetzt werden, und es besteht die Möglichkeit für eine persönlichen Bemerkung.

- Jeder Vorfall, der zur Folge hat, dass ein Mitarbeitender zum Arzt gehen muss, ist dem CEO per E-Mail/SMS innerhalb von zwölf Stunden zu melden.
- Es wird ein Sicherheitsbeauftragter (SiBe) bestimmt. Dieser ist in seiner Funktion direkt dem CEO unterstellt.
- Die Aufgaben des SiBe sind in einer Weisung festgehalten. Der SiBe erstellt jährlich, zu Händen des Vorstandes, einen Sicherheitsbericht. Dort analysiert er das vergangene Jahr, schlägt Maßnahmen vor und definiert Ziele für das Folgejahr. Zudem macht er einen Vorschlag, wie viel Geld für Sicherheit ins nächste Budget aufzunehmen ist.
- In jeder Sitzung mit dem Instandhaltungspersonal sowie in jeder Personalinfo durch den CEO ist Sicherheit Thema Nummer 1.
- Es werden die von der Unfallversicherungsgesellschaft vorgeschlagenen Maßnahmen und Erneuerungen gelebt.

Passieren kann immer etwas, auch wenn eine Sicherheitskultur gelebt wird.

Der Fokus auf Sicherheitsthemen trägt ohne Zweifel dazu bei, dass Betriebsunfälle abnehmen. Leider ist dieser Trend bei den Nichtbetriebsunfällen nicht feststellbar, im Gegenteil. Im Jahr 2018 gab es in der Schweiz 273.675 (33 %) Betriebsunfälle und 565.017 (67 %) Nichtbetriebsunfälle (www.unfallstatistik.ch). Dies zeigt, dass Arbeitgeber und Firmen diesem Thema größere Bedeutung beimessen als Arbeitnehmer. Leider.

5.9.2 Daten- und IT-Sicherheit

Zunehmend an Bedeutung gewinnt die Daten- und IT-Sicherheit. Die auferlegten Regeln sind in einer Weisung festzuhalten. Nebst großen Investitionen in entsprechende Soft- und Hardware werden auch die Mitarbeitenden immer wieder sensibilisiert, und zweijährlich wird eine externe Firma mit einem Review beauftragt. Zudem ist regelmäßig zu überlegen, was die Auswirkungen eines ein- bis zweiwöchigen Ausfalls der IT wären. Welche Dokumente müssen gerade unter dem Aspekt der IT auch physisch aufbewahrt werden? Und wo reichen Backups auf Disks, oder wo sind eben auch regelmäßige Backups auf Tapes, die physisch an einem anderen Ort gelagert werden (Brand, Verschlüsselung aller Datenbanken), nötig?

5.10 Weisungen und Empfehlungen

Weisungen sind die „Gesetze" einer Firma. Sie sind zu befolgen. Es muss eindeutig klar sein, wo die aktuell gültigen Weisungen abgelegt sind und wie diese überprüft werden. Weisungen sollten einen einheitlichen Header haben: Name, wann durch wen genehmigt, gültig ab, ersetzt Version vom, Verteiler. Ziel ist, dass eindeutig klar ist, welche Weisung gültig ist (Abb. 5.3).

Weisung	verabschiedet an der Sitzung vom 3. März 2018
Von	: M. Muster
An	: Sicherheitsbeauftragter der Organisation
Z.K. an	: P. Muster
Über	: **Sicherheit** gültig ab 01. April 2020 (ersetzt die Weisung vom 19. Januar 2018)

Abb. 5.3 Beispiel des Headers einer Weisung

5 Instrumente und Erfahrungen auf der ...

Im Stromumfeld haben sich folgende Weisungen bewährt:

- Aufgaben- und Verantwortlichkeitsmatrix des Vorstandes (siehe Abschn. 5.1),
- Unterschriftenregelung,
- Sicherheit (siehe Abschn. 5.9),
- Vorgehen bei Schalthandlungen und Verhalten bei Stromausfällen,
- Handhabung der Submissionsgesetzgebung,
- Anwendung der Allgemeinen Geschäftsbedingungen,
- Arbeitskleider und Schutzausrüstungen,
- Schwallwasser (unterhalb von Wasserfassungen/Speichern kann es zu Schwällen kommen, die mit Todesfolge einhergehen können; deshalb sind die Vorkehrungen dagegen in einer Weisung zu regeln),
- Corporate Identity (CI)/Corporate Design (CD),
- Aktenplan/Dateiablagekonzept/Archivierung: Wie und wo werden wichtige Dokumente physisch und/oder elektronisch abgelegt, wie lange müssen sie aufbewahrt werden, wann sind sie zu vernichten,
- Umgang mit Verträgen, Vertragsablage (siehe Abschn. 5.14),
- Buchhaltungsgrundsätze (Investitionen, Abschreibung, Aktivierung etc.),
- Umgang mit Schadstoffen und Altlasten (Asbest, PCB etc.),
- Anstellungsreglement (Ferien, Überstunden, Spesen etc.),
- Verhaltenskodex (Umgang untereinander, Umgang mit Geschenken, sexuelle Belästigung am Arbeitsplatz etc.) (siehe Anhang A.2.),
- Handhabung der Informatik (Regeln, Backup etc.).

Die **Empfehlungen** unterscheiden sich von den Weisungen, da sie nicht zwingend befolgt werden müssen, z. B. wie Dateinamen vergeben werden sollen.

In jeder Firma, in der ich bis jetzt tätig war, bildeten die Adressen von aktuellen und möglichen Kunden und weiteren Anspruchsgruppen eine große Herausforderung. Eine Lösung, mit der alle zufrieden sind, ist mir noch nicht begegnet. Da dies aber ein Thema ist, das viele unzufrieden macht, ist es zu regeln. In welchem System ist der Master, wie findet der Abgleich mit anderen Systemen statt und wer ist wofür verantwortlich.

5.11 Projekte

> *Pläne sind nichts. Planung ist alles. (Dwight D. Eisenhower)*

Bei Projekten hat sich eine gewisse Standardisierung bewährt. Es ist klar, dass ein kleines und ein großes Projekt nicht auf dieselbe Weise geführt und dokumentiert werden müssen, weshalb Augenmaß gefragt ist. Wir haben keinen eigenen Projektleitfaden erstellt, sondern benutzen das Buch *Setting Milestones* von Sterrer und Winkler (2010).

Es gibt mittlerweile unzählige IT-Instrumente, die die Projektarbeit unterstützen. Um in großen Firmen die Übersicht zu behalten, geht es fast nicht ohne solche Instrumente. In kleineren Firmen ist es zielführend, wenn für jedes Projekt eine ähnliche Methodik angewandt wird. Die Dokumentation kann jeweils dem Projektleiter überlassen werden.

Nachfolgend sind die wichtigsten Elemente, die bei einem Projekt notwendig sind, aufgeführt. Ganz besondere Bedeutung kommt dabei dem **Projektauftrag** zu.

5.11.1 Projektauftrag

Das Wichtigste beim Start von Projekten ist der Projektauftrag. Dieser muss vom Projektauftraggeber (PA) und dem

Projektleiter (PL) erarbeitet, ausgehandelt, ja „erstritten" werden, bis er für beide stimmt. Dies wird mit der beiderseitigen Unterzeichnung bestätigt.

Tab. 5.5 zeigt ein Beispiel eines **Projektauftrags**.

Bei vielen Projekten liegt das Problem bereits darin, dass der Projektauftraggeber nicht explizit sagen kann, was er möchte. Bei diesen Projekten ist das Scheitern schon vorprogrammiert, und der Projektleiter steht vor einer „Mission Impossible". Es gibt zwei bewährte Maßnahmen, dies zu verhindern:

Tab. 5.5 Beispiel Projektauftrag

Projektbeschreibung: Erneuerung Homepage	
Projektstart: 1. Juni 2020	Projektende: 15. Oktober 2020
Projektziel	**Nicht Projektziel**
Die Homepage der Firma X ist erneuert, insbesondere im Bereich des Vertriebs. Die Homepage soll für Smartphones optimiert werden. Das CMS soll durch die Person X (Stv. Z) betreut werden	Es ist kein Webshop zu implementieren. Die Internetagentur bestweb.ch ist gegeben und muss nicht neu evaluiert werden
Projektphase/Hauptaufgaben	**Projektressourcen und Kosten**
• Zusammenstellung Content alt und neu mit den betroffenen Abteilungen • Präsentation von zwei Designvorschlägen in der Vorstandssitzung vom 30. Juni • Variantenentscheidung durch Vorstand und PL • Danach Umsetzung in der Verantwortung des PL	• PL 40 Tage • Personen A, B und C je 10 Tage • Personen D, E und F je 3 Tage • Externes Projektbudget: € 30.000
Projektteam: Personen A, B und C	**Erweitertes Projektteam:** Personen D, E, F
Projektauftraggeber: 27. Mai 2020	**Projektleiter (PL):** 27. Mai 2020

- Das Beharren auf dem Projektauftrag: Der Projektauftraggeber hat zu definieren, was er will.
- Eine Zweiteilung des Projekts in eine Konzeptions- und in eine Implementationsphase. Dabei ist für beide Phasen ein Projektauftrag zu erstellen.

5.11.2 Projektstrukturplan

Für den Aufbau von erfolgreichen Projekten hat sich die Erarbeitung eines Projektstrukturplans (PSP) bewährt. Der PSP gliedert das Projekt in Phasen, die in einzelne plan- und kontrollierbare Teilaufgaben, die sogenannten Arbeitspakete, unterteilt sind. Abb. 5.4 zeigt ein Beispiel eines PSP für die Evaluation einer neuen IT-Lösung.

5.11.3 Arbeitspakete

Je nach Komplexität des Projekts können einzelne Arbeitspakete nach der folgenden Methodik definiert werden (Abb. 5.5).
   Es gibt drei unterschiedliche Status:
   Grün: Alles okay.
   Gelb: Kritisch.
   Rot: Kosten, Termine oder Funktionalität können nicht mehr gewährleistet werden, Maßnahmen sind notwendig.

5.11.4 Projektbalkenplan/Zeitplan

Um einen guten zeitlichen Überblick zu haben, empfiehlt sich eine grafische Übersicht, abgeleitet vom Projektstrukturplan mit den Arbeitspaketen (Abb. 5.6).

5 Instrumente und Erfahrungen auf der ...

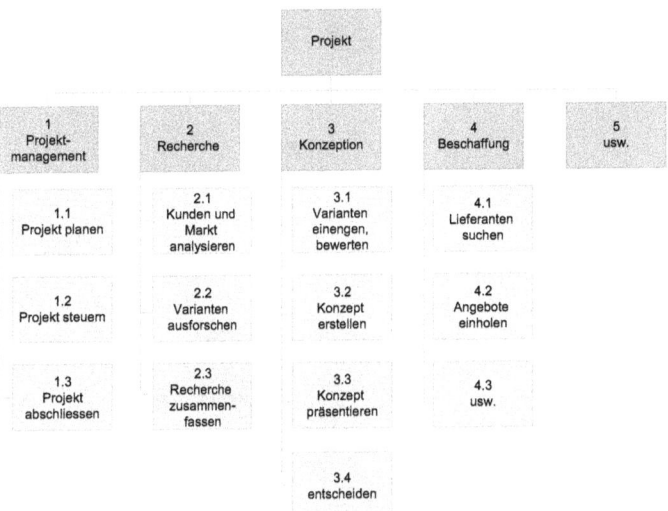

Abb. 5.4 Projektstrukturplan (PSP)

Vorlage leer:

Nr. / Name des Arbeitspakets		Status
Arbeitspaketleiter		
Start	Ende	
Erfüllungsgrad Arbeitsparket in %		

Vorlage ausgefüllt

2.1 Kunden und Markt analysieren		grün
Max Muster		
01. Juli 2018	31. August 2018	
60 %		

Abb. 5.5 Arbeitspakete abgeleitet vom Projektstrukturplan

Jan/Feb	März/Apr	Mai/Juni	Jul/Aug	Sept/Okt	Nov/Dez
Projekt planen					
	Projekt steuern				
	Kunden & Markt analysieren				
		Konzept erstellen			
	Konzept präsentieren				
		entscheiden	Be-schaffung		
				Konzept umsetzen	
					Projekt abschliessen

Abb. 5.6 Projektbalkenplan abgeleitet vom Projektstrukturplan

5.12 Priorisierung und Termine

Mindestens eine der Ressourcen Mensch, Zeit oder Geld ist immer knapp. Strategie, Jahresziele und (Projekt-)Budgets stecken den Rahmen ab. Wenn ein Mitarbeitender oder ein Team nicht alle geplanten Tätigkeiten wegen Ressourcenknappheit erledigen kann, ist es Aufgabe des Vorgesetzten, dies zu lösen, indem er die Prioritäten festlegt. Eine ureigene Führungsaufgabe also.

Eine mögliche Methode, um priorisieren zu können, ist das „Eisenhower-Prinzip" (Abb. 5.7).

Konkret handhabe ich das so: Ich trage wichtige Tätigkeiten so früh wie möglich in die Jahresziele (siehe Abschn. 5.2) oder und in meine Agenda ein (siehe auch Abschn. 1.3). Zudem empfehle ich dieses Vorgehen auch den Mitarbeitenden. Sonst besteht leicht die Gefahr, Dringendes vor Wichtigem zu erledigen.

> *Effective executives do first things first and second things not at all.* (Peter F. Drucker)

	Dringlichkeit	
	Dringend	Nicht dringend
Wichtig	Sofort selbst erledigen	Exakt terminieren und selbst erledigen
Nicht wichtig	An kompetenten Mitarbeiter delegieren	Nicht bearbeiten (Papierkorb)

(Zeile „Wichtigkeit" als vertikale Beschriftung links)

Abb. 5.7 Eisenhower-Prinzip

Dies auch so umzusetzen, ist nicht einfach, aber immer wieder eine Überlegung wert. Den Mut zur Lücke haben.

5.13 Jahresterminliste

Die Jahresterminliste, die in jeder Vorstandssitzung auf der Tagesordnung steht, ist ein Hilfsmittel, damit keine Termine vergessen werden. Dies mit dem kleinstmöglichen administrativen Aufwand, also sehr effizient. Sobald eine Aufgabe erledigt ist, wird sie auf Grün gesetzt (Tab. 5.6).

Die Jahresterminliste wird jeweils fürs neue Jahr kopiert, und alle Eintragungen werden auf Schwarz gesetzt. Die Termine in der Jahresterminliste sind jährlich wiederkehrend und nicht an einen Vertrag gebunden. Die an Verträge gebundenen Termine werden in Abschn. 5.14 erläutert.

5.14 Vertragsablage und Instandhaltungsmanagement

Gerade in der Strombranche, mit langlebigen Anlagen und langfristigen Verträgen, kommt der Vertragsablage eine elementare Bedeutung zu. Mir ist keine Firma bekannt, in der dieses Thema nicht wichtig wäre. Es können dazu mächtige IT-Tools eingesetzt werden. Wir lösen dies mit einem sowohl ausgeklügelten, aber auch einfachen Excel-Sheet. Ein beispielhafter Auszug der Vertragsliste befindet sich in An-

Tab. 5.6 Beispiel einer Jahresterminliste

Monat	Kunden/Regulator/VR	Internes
Januar		Aktualisierung Weisungen
		Überprüfung Vertragsliste
Februar	Preisblatt Netznutzung	Aktualisierung Homepage
	Genehmigung Preise	Revision
	Versand GV-Einladung	Ferienplanung
		Personalinfo
März	Entscheidung	Sicherheitsbericht in
	Kundenanlass	Vorstandssitzung,
		Personalinfo
...		
Juli	Versand Einladung	*IT-Security Check*
	Kundenanlass	Ort und Datum Weihnachts-
		essen festlegen
...		Pensionierten-Essen
Dezember		MA-Beurteilungen
		Personalinfo
		Weihnachtsessen

Kursiv: kritisch/noch nicht erledigt

hang A. 4. Noch wichtiger als das Vorhandensein dieser Lösung ist die permanente Pflege. Nicht während Jahren, sondern während Jahrzehnten. Dies stellen wir wie folgt sicher:

- Die Vertragsliste wird in der Vorstandssitzung besprochen. Dabei ist jeder Vertrag, der eine Aktion erfordert, gekennzeichnet. Diese Verträge werden entweder neu terminiert, als erfüllt gekennzeichnet oder durch neue Aktionen ergänzt.
- Damit klare Verantwortlichkeiten gelebt werden und es kein Durcheinander gibt, hat in dieser Tabelle nur eine Person Schreibrecht: In unserem Fall ist dies die Vorstandsassistentin. Zudem gibt es eine Weisung, die die Details regelt.
- In eine ähnliche Kategorie gehört die Software für das **Instandhaltungsmanagement**. Hier gibt es auf dem Markt gute Produkte, die auch mit mobilen Devices funktionieren.

Das Wichtigste bei diesen beiden Lösungen: Sie müssen regelmäßig gelebt und aktualisiert werden. Diese Lösungen sind nur so gut, wie die Daten aktuell und konsistent sind. Wenn dies durch den Vorstand vorgelebt wird, ist die Chance groß, dass die ganze Belegschaft sich ebenfalls daran hält.

5.15 Informatik/IT

Die Führung der IT stellt eine besondere Herausforderung dar. Die Informatik hat in den letzten zwei bis drei Jahrzehnten einen rasanten Aufschwung erlebt und massiv an Bedeutung gewonnen. Die Möglichkeiten werden immer vielfältiger. Der Einsatz, der von den Kunden, den Mitarbeitenden und dem Regulator verlangt wird, wird immer größer und die Innovationszyklen werden kürzer. Viele Verantwortungsträger wie Aufsichtsräte und Vorstände sind stark gefordert. Noch vielerorts fehlt die notwendige Ausbildung und das Wissen dazu, was mit der IT möglich ist und was nicht und welche die großen Treiber für ausufernde IT-Projekte und IT-Kosten sind.

Mission critical und Sicherheit
Ähnlich wie bei der Stromversorgung geht die Nichtverfügbarkeit der IT schnell ins Geld. Das Management einer Firma muss deshalb mit verschiedensten Maßnahmen sicherstellen, dass dieses Risiko auf den Level minimiert wird, der akzeptabel ist. IT-Risiken (aber auch die IT-Chancen) müssen regelmäßig Thema im Aufsichtsrat wie auch im Vorstand sein.

Die Sicherheit der IT gewährleisten zu können, ist eine große Herausforderung. (siehe Abschn. 5.9.2).

Generationenfragen und Einführung von Tools/ Programmen
Je jünger die Mitarbeitenden sind, desto selbstverständlicher ist für sie der Umgang mit der IT und desto aufge-

schlossener sind sie neuen Technologien gegenüber. Sie wollen mit den neusten Technologien und Applikationen arbeiten. Ältere Mitarbeitende tendieren dazu, möglichst am Altbewährten festzuhalten. Dies kann zu Spannungen in der Firma führen. Das Management muss stets abwägen, wie hoch der Rhythmus bei der Erneuerung zu sein hat. Allzu häufige Veränderungen führen oft zu Ineffizienz, sind teuer und lassen eine Organisation kaum zur Ruhe kommen. Ein zu langsamer Erneuerungsrhythmus, kann sich aber gleichermaßen rächen.

Meiner Erfahrung nach wird die Einführung eines neuen IT-Systems immer unterschätzt. Die größten Herausforderungen liegen in der Tatsache, dass viele IT-Projekte einen Pilotcharakter haben, die nachfolgende Nutzung für viele Jahre vorgesehen ist und die Projektaufgaben zwischen Kunde und Systemlieferant aufgeteilt werden und damit die Verantwortung geteilt wird. Im Zusammenhang mit dieser Abhängigkeit ist es wichtig, insbesondere der hohen Wissensasymmetrie zwischen den Partnern eine besondere Beachtung zu schenken. Schnell kann ein Lieferant den Kunden ausnutzen und Leistungen verkaufen, die er nicht benötigt, oder er redet Mängel schön. Eingehend mit der Aufteilung der Verantwortung gilt es, ein wirksames Projektmanagement zu installieren. So soll insbesondere der Migration und dem oftmaligen (Neu-)Erfassen der Daten und dem Testen große Bedeutung geschenkt werden. Die Verantwortung der Datenmigration liegt beim Kunden, und die Ressourcen sind entsprechend frühzeitig bereitzustellen. Der hohe Grad an integrativen Anforderungen führt zudem zu zahlreichen Abhängigkeiten der Konfigurationen der einzelnen Softwareservices und -module. Dies hat für die Benutzer zur Konsequenz, dass für das Testen bzw. die Abnahme der Gesamtlösung mit einem hohen Aufwand zu rechnen ist.

5 Instrumente und Erfahrungen auf der ...

Datenqualität und -pflege

Was oft mit sehr hohem Aufwand verbunden ist, ist die Sicherstellung der Datenqualität in den unterschiedlichsten Systemen. Beispielsweise die Adressen und die Stammdaten der Kunden. Ich kenne keine Firma, in der dies nicht Thema ist, in der nicht unterschiedliche, unabgeglichene Adressen vorhanden sind. Immer nur mit dem „Originalstamm" zu arbeiten, ist wohl nicht möglich. Es muss klar geregelt sein, welches das führende System ist, respektive wo die führenden Stammdaten sind und wie diese aktuell gehalten, verwaltet und gepflegt werden. Die dazugehörenden Regeln und Prozesse müssen von jedem User eingehalten und gelebt werden.

IT-Mitarbeiter/Programmierer

Reine „IT-ler" beschäftigen sich in der Regel lieber mit Computern, Systemen und Programmen als mit Menschen. IT-ler und klassische Linienmitarbeitende sprechen unterschiedliche Sprachen. Deshalb kommt es oft auch zu Kommunikationsproblemen.

Hier sind „Mittler" erforderlich, die beide Seiten verstehen. Diese Mittler nehmen die Anforderungen der Linie auf und formulieren sie so, dass sie von den Programmierern verstanden werden. Sie übersetzen auch in die andere Richtung. Man denkt vielleicht manchmal, dass diese Personen nicht notwendig sind, aber wenn diese Vermittler fehlen, führt dies oft und schnell zu Problemen.

Diverse Studien belegen, dass zahlreiche IT-Projekte gescheitert sind, weil die Anforderungen der Firmen nicht korrekt, vollständig, konsistent und messbar dokumentiert wurden. Diese Funktion steht den o. g. Mittlern zu, die auch als „Requirement Engineers" bezeichnet werden können. Sie haben sicherzustellen, dass die Anforderungen so dokumentiert sind, dass sie im Werkvertrag mit dem Systemanbieter berücksichtigt sind.

Eigenentwicklungen versus Standardsoftware
So verlockend Eigenentwicklungen auch sind: Meist ist der Einsatz von Standardsoftware und das Anpassen der Prozesse an diese Standardsoftware günstiger als die Software an die Prozesse anzupassen oder neu zu entwickeln. Bei Eigenentwicklungen ist die Projektdauer in der Regel sehr viel länger als beim Einsatz von Standardprogrammen. Zudem verursachen neue Releases bei Eigenentwicklungen meist Probleme und generieren auch im Betrieb deutliche Mehraufwendungen und folglich auch Mehrkosten.

Es gibt Firmen, die konnten und können sich von der Konkurrenz deutlich abheben, weil sie für die firmenspezifischen und erfolgskritischen Themen auf Eigenentwicklungen setzen und Informatiker/Programmierer in der Firma anstellen. IT kann eine strategische Erfolgsposition sein.

IT-Projekte
Gerade das Führen von IT-Projekten ist schwierig. Sie haben einer Struktur zu folgen (siehe auch Abschn. 5.11), die für diese Projekte angepasst werden muss:

- Projektauftrag,
- Projektorganisation, Umgang mit Änderungswünschen (Change Management),
- Projektabwicklung,
- Testing,
- Abnahme,
- Einführung,
- Betrieb und Optimierung, respektive Fehlerkorrekturen (insbesondere zu Beginn),
- Controlling.

Wieso scheitern IT-Projekte so oft und was sind mögliche Maßnahmen dagegen (Tab. 5.7)?

Tab. 5.7 Scheitern von IT-Projekten und mögliche Maßnahmen dagegen

Feststellung/Ursache	Maßnahme
• Es werden keine klaren Ziele und kein eindeutiger Projektumfang definiert • Die Stakeholder werden nicht frühzeitig abgeholt	• Erstellung eines Konzeptionsprojekts und Durchführung einer Evaluation • Eindeutige und vollständige Spezifikationen mit dem Lieferanten vereinbaren • Einbeziehung von spezialisierten Beratern
• Projektorganisation ist verzettelt • Projektmitarbeitende haben das Gefühl, das Projekt neben ihren anderen Tätigkeiten nicht auch noch stemmen zu können	• Projektleiter und Projektmitarbeiter sind von ihren anderen Tätigkeiten so weit zu entlasten, dass sie für die Projektarbeit Zeit haben
• Seitens des Kunden gibt es zu viele Extrawünsche • Um den Auftrag zu erhalten, verspricht der Anbieter zu viel und versteckt seine Schwächen	• Wenn möglich, soll die Organisation die Prozesse dem IT-System anpassen und nicht umgekehrt • Einbezug eines (möglichst unabhängigen) Beraters, der die Kompetenz und die Erfahrung hat, den Abdeckungsgrad eines IT-Systems zu beurteilen
• Ungenaue Abnahmeprozesse	• Es ist bereits in der Spezifikation zu definieren, mit welchen Geschäftsfällen und -prozessen und mit welchen Anforderungen der Abnahmetest erfüllt sein wird
• IT-System wurde geliefert, aber Organisation akzeptiert das neue System nicht	• Auch für die Einführung sind Ressourcen (Portieren der Daten vom alten ins neue System oder oft auch Neuerfassung) bereitzustellen. Schulungen müssen organisiert sein

Fazit

- Die IT ist für viele Firmen eine enorme Herausforderung.
- Es ist besonders schwierig, Mitarbeitende mit Fach- und Sozialkompetenz zu finden.
- Es handelt sich um eine sehr wichtige Managementaufgabe, die nicht einfach an die IT delegiert werden kann.
- Für den Vorstand gilt deshalb, eine aktive Führung, Steuerung und Organisation der IT sicherzustellen. Deshalb ist in Vorständen darauf zu achten, dass genügend Informatikwissen vorhanden ist.
- Mit den kurzen Innovationszyklen der IT gilt es, bei Einführung und Betrieb der Systeme, neben den Geschäftsanforderungen, die Themen rund um Datenschutz und -sicherheit sowie weitere regulatorische Richtlinien zu berücksichtigen.

5.16 Berater, externe Fachpersonen

Mit der immer stärkeren Spezialisierung ist es nicht mehr möglich und schon gar nicht sinnvoll, alles selbst zu machen. Es müssen externe Fachpersonen hinzugezogen werden. Diese zu führen ist eine Herausforderung, und ich habe dabei folgende Erfahrungen gemacht:

- Wenn ich einen Berater suche, erkundige ich mich in meinem Netzwerk nach guten Fachleuten.
- Bei Beratern, die ich noch nicht kenne, starte ich immer mit kleinen Aufträgen.
- Zwingend ist die Erstellung eines Auftrages/Projektauftrags (siehe Abschn. 5.11.1).
- Je länger man einen Berater kennt, je größer das Vertrauen ist, desto pragmatischer kann er geführt werden.

Einer meiner Chefs, mit dem ich sehr gerne zusammengearbeitet habe, sagte einmal:

> Es ist sehr schwierig, einen guten Berater zu finden, es ist aber noch schwieriger, ihn wieder loszuwerden. (Hans Kuntzemüller)

Wie recht er doch hat.

Es gibt m.E. zwei Arten von Beratern. Einerseits sind dies die „Freelancer": Sie werden eingesetzt, weil sie über spezifisches Wissen verfügen, bei dem es sich für eine Firma nicht lohnt, es selbst aufzubauen (z. B. Konfiguration der Firewall). Anderseits gibt es die klassischen Berater „Consultants". Ihnen obliegt es, eine Außensicht einzubringen und auch mal den „Advocatus Diaboli" zu spielen. Damit sie ihre Rolle gut wahrnehmen können, dürfen sie nicht zu lange in einer Firma tätig sein, damit sie nicht Teil des Systems werden.

Gerade bei der Evaluation und Einführung von neuen IT-Systemen (siehe auch Abschn. 5.15) kommt kaum mehr eine Firma ohne externe Berater aus.

5.17 Krisenorganisation definieren

Es gibt Situationen, die möchte sich keiner wirklich vorstellen. Aber gerade bei Firmen wie den unseren, die auch kritische Infrastrukturen betreiben, ist dies ein Muss. Was gilt bei einer Pandemie? Wie ist bei einem längeren Stromausfall vorzugehen? Was geschieht bei einem Suizid an einer Staumauer? Was bei einer Havarie in einem Wasserkraftwerk mit Personenschaden? Was bei einem längeren Ausfall eines E-Banking-Systems?

Betroffene Firmen kommen nicht umhin, sich auf Krisen vorzubereiten und Krisenorganisationen zu erarbeiten und zu üben. Es empfehlen sich hier die Mechanismen der Armee.

Wir haben unsere Krisenorganisation mit einem dafür spezialisierten Unternehmen erarbeitet. Der Ablauf wird jährlich überprüft und alle drei Jahre geübt.

Wichtig bei Krisen:

- Bei Krisen gelten andere Führungsprozesse. Ein sehr straffer Führungsstil ist gefragt.
- Nicht der CEO soll Leiter des Krisenstabs sein, sondern ein anderes Mitglied des Vorstandes oder sogar eine externe Fachperson, die darin geübt ist, mit Krisen umzugehen. Der CEO muss die interne und externe Kommunikation vorbereiten und wird kaum mehr Ressourcen für anderes haben. Er soll auch nicht zum Flaschenhals werden.
- Es ist regelmäßig zu kommunizieren, klare Unterscheidung von Fakten und Vermutungen, wobei man Letztere besser nicht ausspricht.
- Nur eine Person sollte kommunizieren, in der Regel ist dies der CEO oder der Aufsichtsratspräsident.

5.18 Beginn (und Ende) bei einer Firma als CEO/Vorgesetzte

Beim Start in einer neuen Firma ist es enorm wichtig, diese und den dazugehörigen Markt zu verstehen. Dazu bedarf es vieler Gespräche mit (Kader-)Mitarbeitenden, Kunden und Eigentümern. Dies am besten mit der Methode des „Aktiven Zuhörens" (siehe Abschn. 1.2). Zu Beginn, speziell, wenn man neu in einer Branche ist, besteht die Gefahr, dass man den rhetorisch geschickten Personen zu viel Beachtung schenkt.

Gerade der CEO muss die Kultur einer Firma verstehen, sie weiterführen oder ggf. an die neuen Erfordernisse anpassen. Meine Erfahrung ist, dass oft zu schnell agiert wird und meist nicht die fundamentalen Probleme prioritär angepackt werden. Oft geht der Grundsatz „Structure follows process follows strategy" verloren. Organisationen werden in der Organisationsstruktur (Organigramm) zu früh angepasst, und gerade Mitarbeitende in Konzernen regen sich einerseits darüber auf, lachen jedoch andererseits darüber, dass mit jedem neuen CEO die Organisationsstruktur und der visuelle Auftritt angepasst werden, ohne dass sich in ihrer konkreten Tätigkeit etwas verändert.

Innerhalb einer vernünftigen Frist, die je nach Firma und Branche unterschiedlich sein kann, ist die neue oder angepasste Strategie zu präsentieren. In der Strombranche z. B. sehe ich dafür einen Zeitraum von etwa einem Jahr. Organisatorische Anpassungen sind, wenn irgendwie möglich, erst danach vorzunehmen.

Wenn in einer Firma ein „Turnaround" notwendig ist, ist die Mitwirkung von externen Strategieberatern zu empfehlen. Diese sind darauf spezialisiert, in kurzer Zeit, allerdings zu einem hohen Preis, Transparenz zu schaffen.

Wenn man eine neue Funktion angenommen hat und man etwas bewegen möchte, muss dies von Beginn an mit 150 %igem Einsatz erfolgen.

Was sehr schnell angepackt werden kann und soll, sind kulturelle Themen wie z. B. die Art des Umgangs untereinander. Dies ist gewiss ein Widerspruch in sich, weil ein Kulturwandel in einer Firma in aller Regel eine lange Zeit in Anspruch nimmt. Aber wenn der CEO z. B. sieht, dass Kommunikationsmittel unsachgemäß eingesetzt werden, dass Vorwürfe via E-Mail gemacht werden oder dass versucht wird, Probleme via E-Mail zu lösen, ist das Gespräch mit den Betroffenen sofort zu suchen und nicht erst irgendwann.

Abgang

> *Wer nicht mit der Zeit geht, geht mit der Zeit. (Friedrich Schiller)*

Irgendwann muss jeder abtreten und die Firma verlassen. Den richtigen Zeitpunkt für den Abgang zu finden ist schwierig. Wenn die Zeit aber gekommen ist, sollte dieser Abgang richtig gemacht werden:

- Kurzes Dankschreiben an alle, mit denen man zusammengearbeitet hat, insbesondere an Mitarbeitende und Kunden. Verzicht auf Lobhudelei.
- Abschiedsumtrunk: Dank und Verabschiedung.
- Keine öffentlichen Tipps und Statements mehr zur Firma.

> *Servir et disparaître. (Friedrich der Große)*

Fazit

Jedem in einer Organisation muss klar sein, was er zu tun hat und welche Ziele erreicht werden sollen und was sein Beitrag dazu ist. Vorteilhaft wäre es, nicht zu viel zu regeln, aber wenn schon, dann konsequent. Wenn es sich eine Organisation leisten kann und sie in der Lage ist zu agieren, so soll sie sich für organisatorische Fragestellungen Zeit lassen, diese dann konsequent durchziehen und auf allen Ebenen an kontinuierlichen Verbesserungen arbeiten.

Weiterführende Literatur

Sterrer, C., & Winkler, G. (2010). *Setting Milestones. Projektmanagement – Methoden – Prozesse – Hilfsmittel.* Wien: Goldegg.

Teil IV
Mitarbeitende

Weil den Mitarbeitenden in Firmen die zentrale Bedeutung zukommt, sei ihnen ein eigener Teil gewidmet. Und zwar zu folgenden Themenbereichen:

6

Der Mitarbeiterzyklus: Von der Rekrutierung bis zur Trennung

Weil den Mitarbeitenden in Firmen die zentrale Bedeutung zukommt, sei ihnen ein eigener Teil gewidmet. Und zwar zu folgenden Themenbereichen (Abb. 6.1).

6.1 Grundsätzliches

Was ist für Mitarbeitende entscheidend? Eine Grundvoraussetzung für den erfolgreichen und zufriedenen Mitarbeitenden ist sicherlich, dass ihm seine Arbeit Freude bereitet. Darüber hinaus gibt es zwei sehr wichtige Faktoren:

> 1. Der Mitarbeitende möchte **gesehen und gehört** werden. Dies betrifft nicht nur seine Arbeit. Er möchte auch auf der Seelenebene gesehen werden.
> 2. Der Mitarbeitende möchte **dazugehören** und in der Firma eine für ihn gute Funktion haben.

Es gibt verschiedenste Studien, die belegen, dass

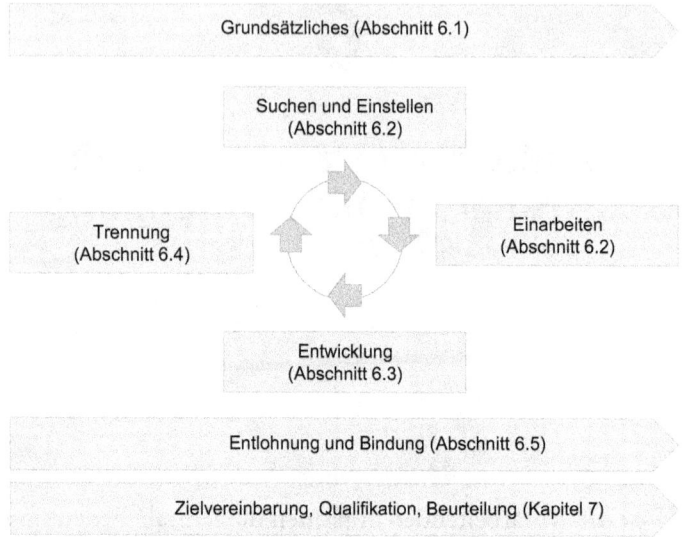

Abb. 6.1 Mitarbeiterzyklus

- Arbeit ein zentraler Aspekt der Identität und des Selbstwertgefühls ist,
- Arbeit Menschen eine Aufgabe und damit das Gefühl gibt, gebraucht zu werden beziehungsweise wichtig zu sein,
- Arbeitslose viel unzufriedener sind als Arbeitende.

Auch ich finde Arbeit etwas Gutes und bekenne mich zur Leistungsgesellschaft.

6.1.1 Mitarbeitende sollen ihre Stärken leben können

Den Mitarbeitenden geht es am besten und Unternehmen profitieren am meisten, wenn die Mitarbeitenden ihre Stärken ausleben können. Deshalb ist es eine wichtige Aufgabe der Vorgesetzten und der Mitarbeitenden gleichermaßen, sie dorthin zu entwickeln. Wenn Mitarbeitende die für sie passende Rolle in einer Firma gefunden haben, können sie über sich hinauswachsen und mit geeigneten Aufgaben betraut werden. Eine gute Stellendefinition ist daher eine wichtige Führungsaufgabe.

Eine gute Arbeit kann Menschen Stabilität im Leben geben, gerade auch in Phasen, in denen sie vielleicht private Probleme haben.

> *Konzentrierte Arbeit ist die beste Therapie gegen Grübeleien.*
> *Konzentrierte, erfüllende Arbeit ist besser als Meditation.*
> *Sie lenkt ab, wie kaum etwas anderes. (Dobelli 2017)*

6.1.2 Unterstützung bei Herausforderungen

Führungskräfte und Mitarbeitende haben gleichermaßen Herausforderungen zu bewältigen, müssen Probleme lösen etc. Es gibt immer wieder Situationen, in denen man sich aufregt. Dann ist es gut, wenn man das, was einen belastet, dem Vorgesetzten erzählen kann. Der Vorgesetzte darf in solchen Situationen nicht das Gefühl haben, er müsse dem Mitarbeitenden vorschreiben, wie dieser das Problem zu lösen hat oder es ihm sogar abnehmen zu wollen. Der Mitarbeitende möchte lediglich verstanden und getragen werden. Wie man sich außerhalb der Arbeit jemanden wünscht, der ein offenes Ohr hat, ohne dass er Tipps, wie etwas zu lösen ist, gibt. Wie im privaten, schätzt man dies auch im beruflichen Umfeld. Bewährt hat sich hier die Methode des Aktiven Zuhörens (siehe Abschn. 1.2).

6.1.3 Typen von Mitarbeitenden und wie sie geführt werden

Es gibt die unterschiedlichsten Charaktere von Mitarbeitenden und die unterschiedlichsten Typologien von Menschen. Ich orientiere mich gerne an folgender, eigener und nicht abschließender Unterscheidung.

Topmitarbeitende
Es gibt sie, die Topmitarbeiter, die für die Firma Topleistungen erbringen und unverzichtbar sind. Oft sind dies (Lebens-)Künstler, die nicht einfach zu führen sind. Um „performen" zu können, brauchen sie gewisse Freiheiten.

Tagfertige
Ihnen ist es wichtig, dass es am Abend keine unerledigten Sachen mehr gibt. Sie sind oft sehr effizient, aber meist nicht in der Lage, konzeptionell zu denken und in Projekten die Führung zu übernehmen. Sie arbeiten gerne Stapel ab, haben gerne repetitive Arbeiten und klare Strukturen.

Konzeptler und Projektler
Die Projektarbeiter mit konzeptionellen und kommunikativen Fähigkeiten verabscheuen repetitive Arbeiten. Sie sind flexibel, suchen immer wieder nach Neuem, brauchen Gestaltungsspielraum und Herausforderungen.

Gelobt- und Geliebtwerdenwollende
Jeder hört hin und wieder gerne Lob. Es gibt aber auch jene, die in eine Sinnkrise fallen, wenn sie nicht regelmäßig gelobt werden oder nicht die benötigte Aufmerksamkeit erhalten, auch Topmitarbeiter. Der Umgang mit diesen Personen ist etwas mühsam. Diese Menschen brauchen Halt und Bestätigung, definieren sich teils stark über die Arbeit. In eine ähnliche Kategorie fallen Mitarbeitende, die mit

„Liebe" oder sagen wir besser mit „Wohlwollen" geführt werden möchten. Sie blühen auf, wenn ihnen dieses Umfeld geboten wird. Sie sind auch diejenigen, bei denen man mit Druck nicht viel erreicht.

Unsichtbare
Sie erledigen still und zuverlässig ihre Arbeit, regen sich nie merkbar auf, stellen keine Fragen und Forderungen, für Vorgesetzte teils schwer zu fassen, aber oft die zufriedensten Mitarbeitenden. Bei ihnen besteht die große Gefahr, dass man sie vernachlässigt.

Überschießende
Sie sprudeln über vor Ideen und müssen gebremst werden. Sind oft auch diejenigen, denen man auf die Finger schauen muss, damit sie Angefangenes auch mit guter Qualität zu Ende bringen, bevor sie Neues beginnen.

Nicht gerne Druck haben, eins nach dem anderen
Diese Mitarbeitenden mögen es nicht, wenn sie eine Liste mit mehreren unerledigten Dingen haben. Eine Task nach der anderen. **Das Gegenteil davon**: Das sind die Mitarbeitenden, die gerne einen Arbeitsvorrat von mehreren Monaten haben, weil sie sonst Angst haben, man bräuchte sie nach Fertigstellung des aktuellen Projekts nicht mehr. Sie sind diejenigen, die permanent überlastet sind und auch nicht wollen, dass man ihnen einen Kollegen zur Entlastung zur Seite stellt.

Ängstliche
Sehen die Firma immer kurz vor dem Abgrund.

Mühsame, Unzufriedene, Jammerer
Diese Menschen jammern immer: Nur sie müssen immer Papier beim Drucker nachfüllen und dies immer gerade dann, wenn sie besonders im Stress sind, sie laufen gerne ausrufend durchs Büro, sie haben alles immer schon gewusst usw.

High Potentials

Das sind die, die das Zeug haben, mehr und mehr Verantwortung zu übernehmen. Sie müssen gezielt gefordert und gefördert werden.

Was ihnen allen gemeinsam ist, wie in Abschn. 6.1 beschrieben: Sie alle werden gebraucht. Und sie alle wollen **gesehen** und **gehört** werden, sie alle wollen **dazugehören** und Teil der Firma sein. Dass diese bunte, interessante und zu großer Leistung bereite „Familie" entstehen kann, eine Familie, in der jeder seinen Platz mit seinen Stärken und Eigenheiten findet, gehört zu einer wichtigen Mission von uns Vorgesetzten.

Und damit man als Vorgesetzter die Möglichkeit hat, auf die Individualität eines jeden Mitarbeitenden einzugehen, ist es wichtig, dass nicht überreguliert wird. Es soll, wie schon weiter vorne erwähnt (siehe Teil III), nur so viel wie nötig und so wenig als möglich definiert und geregelt werden.

6.1.4 Konzeptionelle Fähigkeiten

Es gibt nicht viele Mitarbeitende, die über konzeptionelle Fähigkeiten verfügen. Jemanden konzeptionell arbeiten zu lassen, der es nicht kann, ist ein Ding der Unmöglichkeit. Diese Mitarbeitenden sind dafür meist überdurchschnittlich gut bei repetitiven Tätigkeiten, bei denen eine sehr große Genauigkeit und Zuverlässigkeit verlangt wird.

6.1.5 Was tun, wenn sich Mitarbeitende gegenseitig beschuldigen

Ich nehme mal an, dass ich kein Sonderfall bin und es allen Vorgesetzten so geht. Es gibt Mitarbeitende, die beschweren sich bei den Vorgesetzen über Arbeitskollegen. Wie ist hier vorzugehen?

- Manchmal genügt es schlicht, einem Mitarbeitenden zuzuhören, damit er „abladen" kann.
- Wo das nicht reicht, versuche ich, nachdem ich mir eine Meinung gebildet habe, Stellung zu beziehen. Dies ermöglicht es dem Beschwerenden, seine Haltung zu hinterfragen.
- Ein „no go" ist, über einen nichtanwesenden Dritten herzuziehen (siehe dazu Abschn. 1.1 und 2.15.3).
- Deshalb versuche ich, die beiden zu einem Gespräch unter vier Augen zu motivieren.
- Falls dies nicht (mehr) möglich ist, ist ein Gespräch zu dritt zu führen. Dabei stelle auch ich mich oft als „Mediator" zur Verfügung. Es kann auch eine aus dem Umfeld geeignete Person hinzugezogen werden.

6.1.6 Grenzen aufzeigen

Es gibt fordernde Mitarbeitende, die oft nach Grenzen suchen. Sie erinnern mich an Kinder. Dies kann Lohnfragen betreffen, aber auch Arbeitszeiten, Ferien, Spesen oder dergleichen. Auch wenn es unangenehm ist, dürfen wir Vorgesetzten nicht davor zurückschrecken, klar zu kommunizieren und möglichst keine Schlupflöcher offen zu lassen. Wobei es Schlaumeier gibt, die immer wieder neue Möglichkeiten finden. Teils besteht die Meinung, dass mehr und mehr geregelt werden muss, um diesen Schlaumeiereien Herr zu werden. Aber das Gegenteil ist der Fall, weil diese Mitarbeitenden immer neue Schlupflöcher finden werden. Deshalb gilt auch hier: Es geht nichts über den gesunden Menschenverstand, siehe auch Abschn. 1.1.

6.1.7 Privates im Geschäft

Als Vorgesetzter interessiere ich mich auch für die private Situation der Mitarbeitenden. Es erscheint mir wichtig, diese in groben Zügen zu kennen. Einerseits weil ich Menschen mag, andererseits weil ich davon überzeugt bin, dass Geschäftliches und Privates in Wechselwirkung zueinander stehen. Es gibt Mitarbeitende, die wachsen bei persönlichen Problemen geschäftlich über sich hinaus – weil dies für sie wohl Halt und Stabilität bedeutet (siehe auch Abschn. 6.1.1). Andere zieht es aber auch geschäftlich nach unten, wenn sie private Probleme haben. Wenn man als Vorgesetzter im Bilde ist, hat man zumindest die Option, den Mitarbeitenden, im Rahmen seiner Möglichkeiten, zu unterstützen. Es gibt selten Mitarbeitende, die Geschäftliches und Privates strikt trennen und kein Wort über das Private verlieren; dies ist dann so zu akzeptieren.

6.1.8 Welche Erwartungen haben Mitarbeitende an ihre Vorgesetzten?

Es gibt unterschiedliche Erwartungen von Mitarbeitenden an ihre Vorgesetzten. Die wichtigsten sind:

- Klare Zuteilung von Aufgaben, Verantwortlichkeiten, Kompetenzen und Befähigungen, die den Fähigkeiten und Erfahrungen über die Jahre angepasst werden.
- Wertschätzung, Vertrauen und gelobt zu werden; der Vorgesetzte soll Leistungen des Mitarbeiters auch als solche deklarieren oder mit anderen Worten: „Sich nicht mit fremden Federn schmücken".
- Freiheit in der Erledigung der Arbeiten.
- Ein offenes Ohr und die Gelegenheit Fragen stellen zu können, was heißt, dass der Vorgesetzte präsent sein muss.
- Kein Kontrollfreak, aber doch ein wenig Kontrolle und gegebenenfalls Verbesserungsvorschläge.
- Loyalität, auch bei Fehlern gegenüber Außenstehenden.
- Kritik nur bilateral, konstruktiv ernst zu nehmen.
- Die Chance, Fehler machen zu dürfen und daran wachsen zu können.

- Fairness und kein Intrigieren, keine Manipulationen, berechenbar sein und alle möglichst gleich behandeln.
- Kompetenz: Dort, wo der Mitarbeitende der Spezialist ist, wünscht er sich Mitsprachekompetenz des Chefs. Es soll Bereiche geben, in denen der Vorgesetzte wirklich gut und kompetent ist und der Mitarbeitende die Fähigkeiten seines Vorgesetzten schätzt, in denen er den Vorgesetzten und dessen Inputs respektieren kann.
- Eine gewisse, natürliche Autorität und dass diese dem Mitarbeitenden ebenfalls zugestanden wird. Dort, wo der Mitarbeitende viel weiß, soll der Vorgesetzte ihn auch als Autorität akzeptieren.

6.1.9 Perfekter Chef

Was ist ein perfekter Chef? Bevor vieles im Detail erläutert wird, eine Zusammenstellung (CIO 2019). Ein perfekter Chef

- ist wirksam,
- verkörpert Werte,
- arbeitet mit Menschen zusammen, die fachlich besser sind als er,
- fordert und fördert Menschen,
- ist Teamplayer und mag Menschen,
- identifiziert laufend Verbesserungenmaßnahmen und setzt sie um,
- ist nicht perfekt, macht Fehler und steht dazu.

6.1.10 Gründe, warum Mitarbeitende kündigen

Kündigungsgründe für Mitarbeitende:

- kein gutes Verhältnis und zu wenig Wertschätzung erstens vom Vorgesetzten und zweitens von den Arbeitskollegen,

- ein schlechtes Arbeitsklima wie unklare Aufgabenverteilung, ein allgemeines Durcheinander und dadurch Überlastung und psychischer Druck,
- Lust auf was Neues, auch verbunden mit der Hoffnung, dort zufriedener zu sein und auf bessere Entfaltungsmöglichkeiten zu stoßen,
- bessere Anstellungsbedingungen, wozu auch der Arbeitsweg gehört,
- Karrieremöglichkeiten, speziell bei jüngeren Mitarbeitenden.

Oft, wenn Mitarbeitende kündigen, geben sie als Hauptgrund das Verhältnis zum Vorgesetzten an. Von ihrem eigenen Empfinden her mag das stimmen. Es kann aber auch sein, dass Vorgesetzte den Kopf hinhalten müssen, weil der Mitarbeitende seine Unzufriedenheit auf den Vorgesetzten projiziert.

> *Reisende soll man ziehen lassen.*

6.1.11 Generationenfragen

Technologischer Wandel, wie die Digitalisierung, stellt für ältere Mitarbeitende oft eine enorme Herausforderung und Bedrohung dar. Das sind Fragestellungen wie „Was mache ich mit einem 58-jährigen Mechaniker, der für die Firma während mehr als 30 Jahren einen exzellenten Job gemacht hat, aber jetzt unheimlich Mühe damit hat, dass das Anlagenmanagement nur noch digital erfolgen soll". Oder auch die gleichaltrige Krankenschwester, die alle ihre Daten im IPad erfassen sollte.

Ältere Kadermitarbeitende, die einen enormen Erfahrungsschatz mitbringen, tun sich oft schwer, jüngere Generationen zu führen oder generell mit der personellen Seite der Mitarbeiterführung. Zudem habe ich den Eindruck, dass es immer weniger Junge gibt, die bereit sind, Führungsverantwortung zu übernehmen. Ich hoffe, dass wir in den nächsten Jahren neben einem Fachkräftemangel nicht auch einen „Chefmangel" sehen werden.

Gerade für einen Arbeitgeber mit sozialer Verantwortung ist dies eine große Herausforderung, die durch eine gute, permanente Kommunikation, Planung und Weiterbildung bewältigt werden kann.

Dann aber auch die **Zusammenarbeit von Alt und Jung**, die unterschiedlichen Ansichten der Generationen. Einige konkrete Beispiele und Maßnahmen:

- Mitarbeiterspezifische Schulungen: Die Mitarbeitenden sollen dort geschult werden, wo der Vorgesetzte Potenzial ortet oder sich die Mitarbeitenden unsicher fühlen. Dazu kann eine einfache und effiziente Ausbildungsübersicht pro Mitarbeitendem gute Dienste leisten.
- Gegenseitige Schulungen: Darauf achten, dass sich Mitarbeitende gegenseitig schulen, wenn möglich jedoch solche, die sich etwas voneinander sagen lassen.
- Mit älteren Mitarbeitenden und Vorgesetzten das Gespräch aktiv suchen. Wenn ich realisiere, dass sie Mühe haben mit der Führung von Jüngeren, versuche ich mit ihnen einen Weg zu finden. Was sich oft anbietet: Abgeben der Linienfunktion und der Führungsaufgaben, neue Funktion als Projektleiter, Pensum reduzieren.
- Gerade auch der Bereitschaftsdienst bereitet älteren Mitarbeitenden mehr und mehr Mühe. Wenn es geht, versuche ich sie die letzten Jahre davon zu befreien. Dies geht natürlich zulasten der Jüngeren, und es bedeutet wiederum höhere Anforderungen an die Vorgesetzten. Aber meist lässt es sich ab 58 Jahren gut einrichten.
- Dass ich ein großer Verfechter von Altersteilzeit bin, führe ich auch in Abschn. 6.4.5 aus. Erholtere, ältere Mitarbeitende können mit jüngeren Kollegen besser umgehen.

6.1.12 Jüngere Mitarbeitende und Vereinbarkeit von Beruf und Familie

Es sollte eine Selbstverständlichkeit sein, jüngeren Mitarbeitenden mit Familien Teilzeitarbeit und, wenn möglich, moderne Formen wie Homeoffice anzubieten (siehe auch Abschn. 2.14). Es ist mir jedoch bewusst, dass dies nur im „Bürobereich" möglich ist. Bei Berufen wie Kraftwerksinstandhaltung, Pflege von älteren Mitmenschen oder kleinen Kindern, Lehrern etc. ist immer eine physische Präsenz erforderlich.

Oft stehen in diesem prägenden Lebensabschnitt zusätzlich auch Weiterbildungen an. Wir erarbeiten mit allen individuelle Lösungen. Dies alles stellt zusätzliche Herausforderungen an die Vorgesetzten.

6.1.13 Emotional belastende Situationen und Tränen

Wenn Menschen „im emotionalen Ich", respektive „in ihren Gefühlen" angelangt sind, d. h., dass sie nicht mehr objektiv denken können und die Emotionen und Gefühle überhandnehmen, gibt es drei Verhaltensweisen (in Klammer jeweils der englische Ausdruck):

- Angriff (*fight*),
- Flucht (*flight*),
- Verteidigung (*freeze*).

In solchen Situationen ist kein vernünftiges Gespräch mehr möglich, und es gibt nur eine Lösung: Abbruch des Gesprächs. Das Gespräch soll erst wieder aufgenommen werden, wenn sich die Gemüter beruhigt haben.

Bisher verging kein Geschäftsjahr, in dem ich nicht auch mit Tränen konfrontiert war. Wie reagiert man in einer solchen Situation:

- Situation aushalten,
- Mitgefühl aussprechen, aber nicht in einen Redeschwall ausweichen,
- dranbleiben,
- nicht in die Arme nehmen (das geht nur privat),
- Gespräch beenden,
- ein bis zwei Tage später nachfragen, wie es geht.

Ich mache auch die Erfahrung, dass Frauen ihre Emotionen auch im geschäftlichen Umfeld offener zeigen.

6.1.14 Heikle und Tabu-Themen

Wenn Mitarbeitende mit **Suchtproblemen wie beispielsweise Alkohol** erkannt werden, ist der Mitarbeitende darauf anzusprechen. Er wird das Problem in der Regel herunterspielen und verneinen. Ihm ist eine Chance zur Besserung einzuräumen. Falls es dann erneut zu einem Vorfall kommt, ist professionelle Hilfe hinzuzuziehen. Die Unfallversicherer und Arbeitsämter bieten auch über das Internet wertvolle Ratgeber sowie weitere Unterstützung.

Wenn wir als Arbeitgeber nicht handeln, tun wir der betroffenen Person keinen Gefallen. Zudem sind Vorgesetzte gesetzlich verpflichtet, zu agieren.

Das Gleiche gilt bei **Burnout sowie psychischen Problemen und Erkrankungen**.

Wenn der Verdacht auf sexuelle Belästigung festgestellt wird, ist mit den Betroffenen unmittelbar, aber trotzdem diskret, das Gespräch zu suchen. Auch dazu sind wir als

Arbeitgeber gesetzlich verpflichtet. Für das konkrete Vorgehen und die Einbeziehung von externen Fachpersonen wird verwiesen auf:

- Deutschland: www.antidiskriminierungsstelle.de,
- Schweiz: www.sexuellebelästigung.ch,
- Österreich: www.gewaltinfo.at.

Wenn Mitarbeitende mit **unangenehmen Ausdünstungen** auffallen, muss dies vom Vorgesetzten unter vier Augen thematisiert werden.

Eines wird in diesem Abschnitt klar: Es soll nicht überreagiert, aber auch nichts totgeschwiegen werden. Den Vorgesetzen bleibt nichts erspart, und sie müssen all dies mit den betroffenen Mitarbeitenden in einem diskreten Rahmen **ansprechen**.

6.2 Suche, Einstellung, Einarbeitung

6.2.1 Einstellung

Die richtigen Mitarbeitenden zu rekrutieren ist eine Kunst. Es sollten nur Mitarbeitende eingestellt werden, bei denen es zu 100 % passt; faule Kompromisse bewähren sich nicht.

Bei den Vorstellungsgesprächen ist mir wichtig, dass seitens des Arbeitgebers möglichst auch eine Frau mit den Bewerbenden spricht und mitentscheiden kann. Frauen haben zusätzliche Sensoren, die Männer nicht besitzen. Aber weil wir in der Strombranche über so wenige Frauen verfügen, kann dieser Vorsatz nicht immer in die Tat umgesetzt werden.

Job Hopper, also solche, die alle ein bis drei Jahre den Arbeitgeber wechseln, stelle ich nicht gerne ein. Ausnahme:

Es ist ein Projekt, ein Bewerbender hat besondere Fähigkeiten, und wir sind sogar froh, dass er nach Abschluss des Projekts die Firma wieder verlässt.

6.2.2 Start und Einführungsprogramm

Der neue Mitarbeitende soll sich am ersten Arbeitstag willkommen fühlen und den Eindruck haben, dass sich die Mitarbeitenden auf ihn freuen. Dazu gehört ein vorbereiteter, aufgeräumter und gereinigter Arbeitsplatz. Wenn es dort eine Geste der Begrüßung wie Blumen oder Schokolade gibt, noch besser.

Dann muss sich der Vorgesetzte am ersten Arbeitstag Zeit für den neuen Mitarbeitenden nehmen und mit ihm das Einführungsprogramm besprechen.

Das Einführungsprogramm, das zwingend vorhanden sein muss, sollte beinhalten:

- Bezug Arbeitsplatz, Büromaterial,
- Modalitäten betreffend IT, Arbeitskleider etc.,
- Unterlagen betreffend Sicherheit (inkl. Telefonnummern etc.),
- Vorstellung wichtiger Personen und Themen (Strategie, Produkte, Kunden, Organigramm etc.),
- Ziele für die Probezeit.

Die direkt mit mir zusammenarbeitenden Personen lade ich am ersten Arbeitstag zum Mittagessen ein. Das Instrument des Mittagessens setze ich auch sonst gerne ein, um mit Personen Herausforderungen in der Firma oder anderes auf eher informellem Wege besprechen zu können.

Die neuen Mitarbeitenden sind gerade zu Beginn stark und regelmäßig zu betreuen, und es ist mit ihnen immer wieder das Gespräch zu suchen.

6.3 Entwicklung

Im durch mich direkt zu verantwortenden Bereich, der rund 50 Personen umfasst, versuche ich, zusammen mit den jeweiligen direkten Vorgesetzten mir regelmäßig ein Bild darüber zu machen, wie es den einzelnen Mitarbeitenden geht, wer welches Potenzial hat, was die Bedürfnisse der Firma sind und mit welchen Maßnahmen wer wohin entwickelt werden könnte.

Jeder Mitarbeitende ist aber auch selbst für seine Entwicklung verantwortlich.

Weiterbildungen unterstützen wir immer, wenn die Firma dadurch einen Vorteil hat und auch dort, wo es notwendig ist, um Mitarbeitende zu halten, zu fordern und zu fördern. Wer wofür aufkommt (Zeit und Kosten), wird individuell ausgehandelt.

6.4 Trennung

Manchmal ist es das Beste, dass Mitarbeitende und Vorgesetzte unterschiedliche Wege gehen. Es gibt auch Situationen, in denen Firmen Mitarbeitende abbauen müssen, weil nicht mehr genügend Arbeit da ist oder aus finanziellen und strukturellen Gründen.

Trennungen sind herausfordernd, im Geschäft und noch viel mehr im Privaten. Gerade auch deshalb soll versucht werden, dies so wertschätzend wie möglich zu gestalten. In der Regel ist der Prozess der Trennung im Anstellungsvertrag beschrieben und sollte so auch angewandt werden. Dem Prozess der Trennung hat eine intensivierte Phase von Zielsetzungs- und Zielerreichungsgesprächen vorauszugehen. Alle diese Gespräche sind schriftlich festzuhalten. Ich schlage einen quartalsweisen Rhythmus vor (siehe auch Abschn. 5.3). Wenn der Vorgesetzte über keine Dokumentation verfügt, aus dem die wiederholte Ziel*nicht*erreichung hervorgeht, wird er es schwierig haben, die Trennung begründen zu können. Dieses Vorgehen ist auch wichtig aus Fairness dem Mitarbeitenden gegenüber.

6.4.1 Interne Versetzung

Es gibt Situationen, in denen sowohl Mitarbeitende als auch der zuständige Vorgesetzte kompetent und wertvoll für eine Firma sind. Aber die beiden können einfach nicht miteinander, „haben das Heu nicht auf der gleichen Bühne", „die Chemie" zwischen den beiden stimmt nicht. Versuche, das Verhältnis zu normalisieren, die Wogen zu glätten, scheiterten bereits. Dann bringt es oft nichts mehr, weiter Energie in eine verfahrene Situation zu investieren. Es ist zu agieren. Interne Versetzungen können eine Lösung sein. Dies hat schon dazu geführt, dass Mitarbeitende in der neuen Abteilung, mit einer neuen vorgesetzten Person, ihr volles Potenzial entfalten konnten.

6.4.2 Der Mitarbeitende wird dazu angehalten, zu kündigen

Wenn auch die interne Versetzung nichts gebracht hat oder nicht möglich war, wenn nach einer Vielzahl von Gesprächen und den in diesem Buch angewandten Führungsinstrumenten die Erkenntnis reift, dass die Firma und ein Mitarbeitender besser getrennte Wege gehen, wird folgendes Vorgehen empfohlen:

- Es wird ein Gespräch mit dem Mitarbeitenden, dem Vorgesetzten und idealerweise einer Drittperson (Personaldienst, nächst höherer Vorgesetzter) festgelegt. Wenn ein Vorgesetzter möchte, stelle ich mich als CEO zur

Verfügung, bei diesem Gespräch dabei zu sein und die Gesprächsführung zu übernehmen. In der Regel wird dieses Angebot dankend angenommen.
- Im Vorfeld des oben erwähnten Treffens wird für den Mitarbeitenden ein Dokument, ein Schreiben erstellt (Umfang ca. ein bis maximal zwei Seiten). Inhalt des Schreibens siehe Tab. 6.1.
- Daraufhin findet das Gespräch statt. Es wird dem Mitarbeitenden ohne Umschweife und direkt mitgeteilt, dass wir ihn auffordern, zu kündigen. Das Gespräch folgt in der Struktur dem Inhalt des Schreibens. Gegen Ende dieses Gesprächs wird das oben erwähnte Schreiben übergeben.
- Oft löst dieses Vorgehen eine Art Schock aus, manchmal ist es auch eine Erlösung. Den Betroffenen ist anzubieten, am jeweiligen Tag sofort nach Hause gehen zu können, was teilweise kaum in Anspruch genommen wird.

Die Vorteile des oben beschriebenen Verfahrens liegen darin, dass es meist funktioniert, die Mitarbeitenden innerhalb einer vernünftigen Frist selbst kündigen zu lassen, und es dem Mitarbeitenden und dem Vorgesetzten nach diesem Gespräch besser geht, der Mitarbeitende bei seinen Kollegen in- und außerhalb der Firma keinen Gesichtsverlust erleidet, es meist schlank und zügiger als erwartet über die

Tab. 6.1 Inhalt einer Kündigungsaufforderung

1. Eindeutige Botschaft: Aufforderung zur Kündigung
2. Termin der erwarteten Kündigung (3 bis maximal 6 Monate) → Meist wird die Zeitspanne nicht ausgeschöpft und der Mitarbeitende kündigt schnell
3. Benennung der Gründe (so ehrlich wie möglich)
4. Benennung eines Coaches, externen Beraters als Unterstützung → Dieser muss zuvor informiert sein, weil die Kontaktaufnahme sehr schnell erfolgen kann. Es gibt Spezialisten für ein Outplacement

Bühne geht und sehr kosteneffizient ist. Auf Anwälte kann verzichtet werden.

In wenigen Fällen habe ich aber auch die Erfahrung gemacht, dass Mitarbeitende nicht innerhalb der Frist kündigen. Wenn dies der Fall ist, ist die Kündigung zu vollziehen, wie in Abschn. 6.4.3 beschrieben. Es sei denn, der Mitarbeitende hat sich wirklich geändert und verbessert und auch der Vorgesetzte kann sich eine weitere Zusammenarbeit vorstellen.

6.4.3 Dem Mitarbeitenden muss gekündigt werden

Falls das Vorgehen gemäß dem vorhergehenden Abschnitt nicht funktioniert hat, ist dem Mitarbeitenden zu kündigen. Dies hat gemäß Anstellungsvertrag zu erfolgen. Mir ist das noch nie passiert, aber es gibt immer wieder Mitarbeitende, die dann juristische Mittel ergreifen oder von einem Arzt krankgeschrieben werden. Diese Entwicklung empfinde ich als ungesund.

Wird im Vorfeld der Kündigung geahnt, dass es schwierig werden könnte, soll juristische Beratung oder jemand mit Outplacement-Erfahrung hinzugezogen werden.

Auf Freistellungen und die ominöse Stunde, die zum Räumen des Büros zur Verfügung gestellt wird – teilweise sogar begleitet – ist möglichst zu verzichten, da dies oft etwas sehr Despektierliches hat.

Ausnahmen: Es gibt Branchen, da ist dies durchaus üblich. Dann soll dies von Beginn an klar kommuniziert werden und auch so im Anstellungsvertrag festgehalten sein, damit für die Mitarbeitenden die „Spielregeln" klar sind.

Idealerweise wird mit dem betroffenen Mitarbeitenden eine Aufhebungsvereinbarung ausgehandelt und unterzeichnet.

6.4.4 Schallmauer 50. Altersjahr

Wenn ein Mitarbeitender mehrere Jahre für dieselbe Firma tätig war, fällt es schwer, ihm nach dem 50. Lebensjahr noch die Kündigung nahezulegen. Deshalb sind mit den Abteilungsleitern die Mitarbeitenden zwischen 45 und 50 Jahren sehr genau anzuschauen. Denn dies ist die Zeit, in der noch Maßnahmen ergriffen werden können. Besonders wichtig erscheint mir dies dort, wo die öffentliche Hand als Arbeitgeber auftritt. Dort ist die Kündigung ohnehin schon schwierig oder, wie ich immer wieder höre, praktisch unmöglich, erst recht bei Mitarbeitenden über 50 Jahren.

6.4.5 Altersteilzeit und Rente

Wenn der Mitarbeitende bis zum Erreichen des Rentenalters 100 % (oder mehr) arbeitet und dann von einem Tag auf den anderen nicht mehr, können die wenigsten dies verarbeiten. Es gibt andere Lösungen. Bei Mitarbeitenden über 55 Jahren ist die Rente zu thematisieren. Ab 58 Jahren schlage ich allen vor, das Pensum zu reduzieren. Bis jetzt war dies bei allen meinen Mitarbeitenden, die das wollten, möglich. Und fast alle machen davon Gebrauch. Die gemachten Erfahrungen sind durchweg positiv:

- Den Mitarbeitenden geht es besser; sie kommen erholter, gesünder und motivierter zur Arbeit.
- Sie haben dadurch weniger Fehltage.
- Der Übergang in die Rente wird erleichtert, und es findet ein guter Know-how-Transfer von den Älteren zu den Jüngeren statt, die dadurch mehr und mehr Verantwortung übernehmen können und müssen.

Bei diesem Vorgehen profitieren Arbeitnehmer und Arbeitgeber gleichermaßen. Flexibilität beiderseits vorausgesetzt. Wobei das Führen von „Teilzeitlern" für die Vorgesetzten aller Stufen eine zusätzliche Herausforderung ist.

Bei Eignung und dem Vorhandensein anspruchsvoller Projekte, bei denen ihre Erfahrung wichtig ist, können und sollen Mitarbeitende auch über das offizielle Pensionierungsalter hinaus auf Teilzeitbasis beschäftigt werden. Es ist darauf zu achten, dass nicht einer geeigneten jüngeren Person der Job weggenommen wird.

Rentenalter und Gesundheit
Unsere Sozialwerke müssen saniert werden. Es gibt viele Mitarbeitende, die problemlos länger als gesetzlich vorgeschrieben arbeiten könnten, gerade im Dienstleistungssektor.

Da sind aber auch viele Mitarbeitende, die ihr ganzes Leben lang körperlich gearbeitet haben, die mehr und mehr gesundheitliche Probleme haben. Oft schaffen sie es gerade noch, bis zur Rente zu arbeiten. Teilweise aber auch nicht, da werden die körperlichen Beschwerden zu groß. Es muss früh darauf geachtet werden, dass Personen, die körperliche Arbeit verrichten, in jungen Jahren ihre Gesundheit schützen.

6.5 Entlohnung und Bindung

Lohn ist kein Motivations- sondern ein Hygienefaktor. Das heißt, der falsche Lohn macht unzufrieden. Deshalb muss es das Ziel des Vorgesetzten sein, dass die Mitarbeitenden mit ihrem Lohn nicht unzufrieden sind. Dies ist nicht immer sofort gegeben, kann sich aber mit der Zeit einstellen.

Ich selbst habe die Erfahrung gemacht, dass es nur wenige Funktionen gibt, in denen variable Lohnbestandteile als fair empfunden werden. Ein vernünftiges und faires Messsystem zu implementieren ist schwierig. Gerade in den Branchen, in denen ich mich bewege, ist die Leistung eines Einzelnen schwierig zu monetarisieren.

Trotz vieler Versuche ist es kaum je gelungen, robuste Messsysteme für variable Lohnbestandteile zu implementieren. Ich setze variable Lohnbestandteile deshalb nicht gerne ein. Aber es gibt ab und zu Mitarbeitende in Spezialfunktionen, die das möchten. Dort versuchen wir es auch.

Dafür denke ich, kann mit vernünftigen Sofortprämien gearbeitet werden, beispielsweise beim Abschluss erfolgreicher Projekte und bei Sonderleistungen.

Wenn es der Firma und dem Umfeld gutgeht oder wenn wir gewisse Mitarbeitende besser entschädigen müssen, um sie halten zu können, beantragen wir beim Aufsichtsrat ein Paket für Lohnanpassungen und ggf. weitere Leistungen. Falls dies gewährt wird, setzt eine intensive Phase ein, in der ich zusammen mit den Vorgesetzten erarbeite, wie die erhöhte Lohnsumme am besten aufgeteilt wird. Dabei schauen wir darauf, was der Mitarbeitende leistet und was für ihn ein gerechter Lohn ist. Fair ist dies nie. Aber der gute Wille und der Versuch, möglichst objektiv zu sein, sind entscheidend.

Wenn man der Überzeugung ist, dass die Mitarbeitenden gute Anstellungsbedingungen haben und man dies, beispielsweise in einem Branchenvergleich, auch begründen kann, kommuniziere ich dies den Mitarbeitenden gegenüber immer wieder offen und ehrlich. Dies ist deshalb auch wichtig, weil hinsichtlich der Löhne immer wieder Schauergeschichten erzählt werden. Diese verunsichern die Mitarbeitenden, und es ist unsere Aufgabe, dies zu korrigieren.

Falls sich bei den Anstellungsbedingungen einer unterstellten Person etwas ändert (Lohnanpassung, Prämie etc.), so ist dies durch die vorgesetzte Person persönlich mitzuteilen und nicht nur auf schriftlichem Weg.

> **Fazit**
>
> Mitarbeitenden kommt in Organisationen eine zentrale Bedeutung zu. Sie wollen gesehen und gehört werden und dazugehören. Idealerweise begegnet man sich während der ganzen Anstellungsdauer mit Wertschätzung. Wo dies nicht mehr möglich ist, ist es durch die Vorgesetzten anzusprechen, und es sind Lösungen zu finden. Gegenseitige Rücksichtnahme, interne Versetzungen sind dabei oft viel besser als Kündigungen.

Weiterführende Literatur

CIO. (2019). Onlineplattform für CIO. www.cio.de. Herausgeber: Horst Ellermann

Dobelli, R. (2017). *Die Kunst des guten Lebens. 52 überraschende Wege zum Glück*. München: Piper.

7

Ziele und Mitarbeitergespräche, Arbeitsplatz

7.1 Zielvereinbarung, Qualifikation, Beurteilung

Neben den wöchentlichen bis monatlichen, regelmäßigen Führungsgesprächen mit den Mitarbeitenden gibt es die jährlich wiederkehrenden Gespräche, die eine äußerst wichtige Funktion haben.

Diese Mitarbeitergespräche sind ein MUSS, und ich bin der Überzeugung, dass es sich dabei nicht um ein einzelnes Gespräch handeln sollte, sondern um mindestens zwei, manchmal drei. Zwei oder drei deshalb, weil nach einem guten Zielerreichungsgespräch sowohl der Mitarbeitende als auch der Vorgesetzte so ermüdet sind, dass es keinen Sinn macht, über die Ziele des nächsten Jahres oder die Entlohnung zu sprechen.

Die inhaltliche Gliederung ist wie folgt:

- Zielvereinbarungsgespräch (siehe Abschn. 7.1.1),
- Mitarbeiter- oder Zielerreichungsgespräch (siehe Abschn. 7.1.2),
- Lohngespräch (siehe Abschn. 7.1.3).

Nachfolgend wird auf die drei Gespräche im Detail eingegangen.

7.1.1 Zielvereinbarungsgespräch

Dieses Gespräch findet für mich im Dezember oder Januar statt, immer nachdem der Vorstand die Ziele für das Folgejahr beschlossen hat. Die Ziele sollten so SMART wie möglich sein (siehe Abschn. 5.2 und 5.3). Es ist dafür rund eine Stunde zu reservieren. Die Ziele sind nicht zu *verordnen*, sondern zu *vereinbaren*. Niedergeschrieben werden sie direkt im Formular Mitarbeitergespräch (siehe Abschn. 7.1.2).

7.1.2 Mitarbeitergespräch/ Zielerreichungsgespräch

Das Mitarbeitergespräch oder Zielerreichungsgespräch ist von sehr großer Bedeutung. Erfahrungen und Grundsätze dazu:

- Gute Vorbereitung und Verwendung des auszufüllenden Formulars (ein mögliches Beispiel befindet sich im Anhang A.3).
- Weil es wichtig ist, frühzeitig einladen, d. h. rund ein bis zwei Monate davor. Ich führe die Gespräche mit den Vorstandsmitgliedern immer früh, d. h. in den Monaten September oder Oktober. Damit nehme ich eine Vorbildfunktion ein, zeige ihnen, die ja selbst auch Mitarbeitende führen, wie das Gespräch aussehen könnte, und kann den Standard der Bewertung vorgeben.
- Ich nehme mir bewusst Zeit und versuche sämtliche Störquellen zu eliminieren. Wichtig: Das Gespräch sollte nie „noch schnell" geführt werden. Nicht dieses.

7 Ziele und Mitarbeitergespräche, Arbeitsplatz

- Zentral: Ehrlichkeit und Weisheit.
- Das Gespräch ist insbesondere für einen Rückblick da. Es geht darum, was der Mitarbeitende gut und was er weniger gut gemacht hat.
- Auch nach 15 Jahren als CEO habe ich vor diesen Gesprächen Lampenfieber und bin danach aufgewühlt, weil es mir nicht egal ist, was meine Beurteilung bei den Mitarbeitenden auslöst. Wäre es nicht mehr so, wäre das ein Anzeichen für Abgestumpftheit.
- Da dieses Gespräch sowohl für den Mitarbeitenden als auch für den Vorgesetzten eine intensive, anstrengende und teilweise auch emotionale Angelegenheit ist, bringt es nichts, im selben Gespräch auch die Ziele für das Folgejahr verbindlich zu vereinbaren; aber Ideen sollten notiert werden. Zudem läuft der Zielsetzungsprozess separat (siehe Abschn. 5.2 und 7.1.1).
- Nach erfolgtem MA-Gespräch passe ich das ausgefüllte Formular möglicherweise an und schicke es dem Mitarbeitenden per E-Mail. Dieser hat Zeit, es sich in aller Ruhe anzusehen. Er hat auch die Möglichkeit, Passagen, die für ihn nicht stimmig sind, anzupassen oder zu markieren. Der erste Teil des Mitarbeiterbeurteilungsformulars ist aber kein Wunschkonzert. Es ist eine Beurteilung des Mitarbeiters durch den Vorgesetzten. Ich akzeptiere allerdings Kommentare des Mitarbeiters, die auch als solche markiert sind, z. B. mit einer eigenen Farbe.
- Es ist dem Mitarbeitenden Platz für seine Kommentare zur Verfügung zu stellen. Dort wiederum hat der Vorgesetzte die Kommentare des Mitarbeitenden zu akzeptieren.
- Ab und zu braucht es ein kurzes Folgegespräch zur Klärung offener Fragen.
- Gut finde ich z. B., dem Mitarbeitenden die Frage zu stellen: „Gibt es etwas, was du mir schon immer einmal sagen wolltest?"

- Ich nehme die Gelegenheit auch immer wahr, dem Mitarbeitenden bewusst und ehrlich für das Geleistete und die Zusammenarbeit zu danken.
- Das Formular ist am Schluss vom Mitarbeitenden und vom Vorgesetzten zu unterschreiben und im Personaldossier abzulegen.

In unserem Mitarbeiterbeurteilungsformular gibt es vier Fragen, die der Mitarbeitende mit einem eindeutigen Kreuz beantworten muss. Die Fragen können hier sehr firmenspezifisch sein. Mir sind insbesondere die beiden Fragen hinsichtlich der Sicherheit wichtig.

Dieses Gespräch ist gerade auch für sehr langjährige Mitarbeitende und solche, die zum Vorgesetzten einen freundschaftlichen Umgang pflegen, wichtig. Auch wenn es nicht einfach ist, sind gerade auch kritische Themen anzusprechen und zu dokumentieren. Es ist anzunehmen, dass manche die ausgefüllten MA-Beurteilungsformulare auch den Lebenspartnern zeigen. Dies unterstreicht die Wichtigkeit dieses Gespräches.

Auflockerungen/Variationsmöglichkeiten:

- Der Mitarbeitende beginnt das Gespräch.
- Der Mitarbeitende und der Vorgesetzte füllen das Formular aus; insbesondere über die unterschiedlichen Einschätzungen muss gesprochen werden.
- Der Mitarbeitende darf bestimmen, wie das Gespräch ablaufen und wo es stattfinden soll.
- Eine anspruchsvolle und mutige Variante ist, dass der Mitarbeitende und der Vorgesetzte je z. B. 5 bis 10 Minuten reden, ohne dass sie sich gegenseitig unterbrechen oder mit Gesten zu verstehen geben, ob sie mit dem Gesagten einverstanden sind oder nicht.

Es gibt Mitarbeitende, die akzeptieren auch eine Benotung respektive Beurteilung, mit der sie nicht einverstanden sind. Möglicherweise schreiben sie lediglich etwas dazu ins Kommentarfeld. Es gibt aber auch Fälle, bei denen sich der Mitarbeitende weigert, das Formular zu unterschreiben. Das muss den nächst höheren Vorgesetzten hellhörig machen, und er muss sich der Situation annehmen.

Wenn ich mit der Leistung des Mitarbeitenden nicht zufrieden bin und ich eine Veränderung (interne Versetzung, Trennung) ins Auge fasse, darf die Bewertung nicht gut sein. Zudem ist der Rhythmus der Zielsetzungs- und Zielerreichungsgespräche deutlich zu erhöhen und immer schriftlich zu dokumentieren. Es sind Sach- und Verhaltensziele zu vereinbaren.

Oft, und diesen Vorwurf mache ich mir auch selbst, wird zu gut bewertet.

7.1.3 Lohngespräche

Für Lohngespräche ist nie der richtige Zeitpunkt. Und trotzdem müssen sie sein. Wenn es nicht zu emotional wird, kann ein Lohngespräch auch mit dem Mitarbeiter- oder dem Zielvereinbarungsgespräch kombiniert werden. Andernfalls ist ein neuer Termin anzusetzen.

7.2 Arbeitsplatz/Bürogestaltung

Das ideale Büro im Dienstleistungssektor sieht für mich wie folgt aus:

- Einer- bis Viererbüros,
- Notebook mit Dockingstation, gerade auch für mobiles Arbeiten und Homeoffice,
- Türen aus Glas, die für konzentriertes Arbeiten geschlossen werden können,

- viel Glas, das die nonverbale Kommunikation fördert und Transparenz schafft,
- Pulte, an denen man stehen und sitzen kann; für alle die identische Büromöblierung,
- Auswahlmöglichkeit an Bürostühlen, bei denen jeder Mitarbeitende seine Wahl treffen kann,
- möglichst flexible Strukturen der Trennwände,
- Clean Desk Policy: Allabendlich, sicherlich am letzten Arbeitstag der Woche, ist der Schreibtisch aufzuräumen.

Es gibt Anwendungen (z. B. Tradingfloor, Newsroom), da sind Großraumbüros sinnvoll. Aber als generelle Lösung ist dies für mich nicht geeignet. Ganz schlimm finde ich lange Gänge mit Büros links und rechts, wo es kein Glas gibt und die Mitarbeitenden sich in den Büros verstecken können.

> **Fazit**
>
> Gerade im partizipativen Führungsstil ist das Vorhandensein von *vereinbarten* Zielen und die Beurteilung der Zielerreichung essenziell. Für das Zielvereinbarungs- und das Mitarbeitergespräch, auch Zielerreichungsgespräch genannt, ist bewusst Zeit einzuplanen, um dessen Bedeutung gerecht zu werden. Beide Gespräche sind im dafür vorgesehenen Formular zu dokumentieren.

Weiterführende Literatur

Schulz von Thun, F., Ruppel, J., & Stratmann, R. (2003). *Miteinander reden: Kommunikationspsychologie für Führungskräfte*. Berlin: Rowohlt.

8
Methoden/Werkzeuge

Für Manager ist es zweckmäßig, über einen Rucksack an Methoden und Werkzeugen zu verfügen. Diese unterstützen ihn in der täglichen Führungsarbeit. Die Auswahl der jeweils richtigen Methode erfordert einiges an Geschick und Erfahrung. Wichtig ist, dass man Methoden immer aus einer guten Absicht heraus einsetzt und nicht, um jemanden oder ein Team zu manipulieren.

Falls in der Zusammenarbeit oder in Gesprächen mit anderen Methoden eingesetzt werden, ist es fair und professionell, wenn man sich zuvor auf eine Methode einigt.

Einige Methoden wurden in den vorhergehenden Kapiteln bereits beschrieben. Beispielsweise die Methode des Aktiven Zuhörens (siehe Abschn. 1.2) oder der Gewaltfreien Kommunikation (GfK, siehe Abschn. 2.11.4). In den nächsten Abschnitten folgen weitere.

8.1 Problemlösungskompetenz

Es gibt Aufgabenstellungen, bei denen es unumgänglich ist, diese sehr strukturiert anzupacken. Hier empfiehlt sich eine systematische Problemlösungsmethodik, z. B. die Methode des **Problemlösungszyklus** (Abb. 8.1).

Es gibt in der Lehre Beispiele, da werden die einzelnen Schritte und Teilmethoden bis ins Detail beschrieben. So z. B. im Systems Engineering (Haberfellner 2012). Es ist Aufgabe des Managements zu definieren, wie ausführlich der Problemlösungszyklus angewandt werden muss. Problemlösungszyklen versuchen Entscheidungen zu objekti-

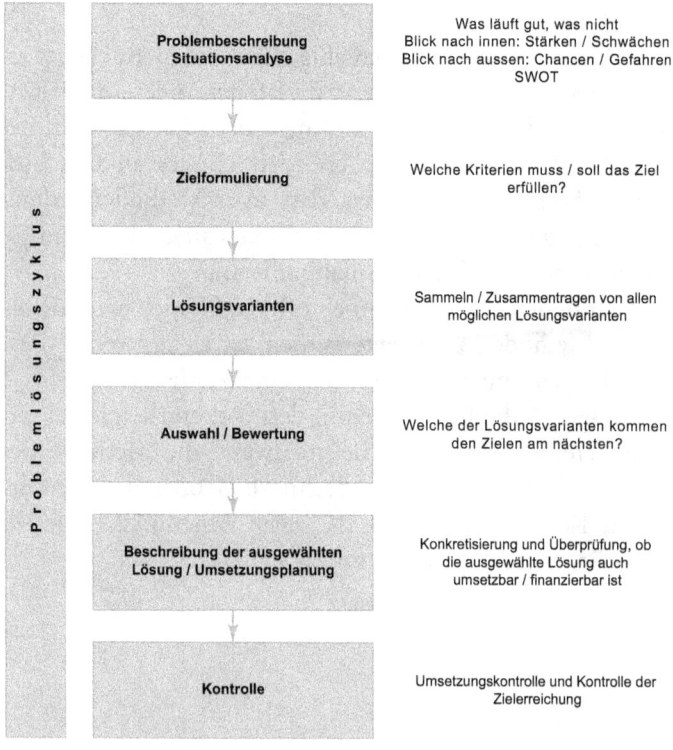

Abb. 8.1 Problemlösungszyklus

vieren. Dabei darf jedoch nicht vergessen werden, dass es nie gelingen wird, nur objektiv zu sein; eine subjektive Komponente schwingt immer mit. Idealerweise nehmen viele in Unternehmen verfasste Dokumente, die einem Gremium als Entscheidungsgrundlage dienen, diese Struktur auf, gerade Anträge an den Aufsichtsrat oder den Vorstand (siehe Abschn. 4.4).

Ein etwas anderer Ansatz zur Beschreibung von Entscheidungsprozessen lautet wie folgt (Malik 2013):

In neun von zehn Fällen kommt man durch Einhaltung einer einfachen Vorgehensweise, einer Abfolge von Schritten, zu guten Entscheidungen:

- präzise Bestimmung des Problems,
- Spezifikation der Anforderungen, die die Entscheidung erfüllen muss,
- Herausarbeiten der Alternativen,
- Analyse der Risiken und Folgen für jede Alternative und Festlegung der Grenzbedingungen,
- Entschluss selbst,
- Einbau der Realisierung in die Entscheidung,
- Etablierung von Feedback: Follow-up und Follow-through.

8.2 Moderationsmethode

Mit der unten beschriebenen Methode, die als **Moderationsmethode** bezeichnet werden kann, können schwierigen Führungssituationen gut gemeistert werden. Ein paar Beispiele:

- Ein Team ist mit einer komplett neuen Situation konfrontiert; dies kann sein, wenn ein neuer Vorgesetzter be-

stimmt wurde, wenn ein Teammitglied unverhofft für längere Zeit ausfällt, wenn ein großes Problem auftritt.
- Jemand hat neu die Führungsverantwortung für ein Team erhalten.
- Es steht ein neues Projekt an, z. B. Einführung einer neuen Software oder eine sehr komplexe Instandhaltungsarbeit in einem Kraftwerk.
- Strategische Diskussionen.
- Es muss ein kompliziertes Sachproblem gelöst werden. Es gilt, die Ausgangslage zu berücksichtigen, und es gibt zwei bis vier komplett unterschiedliche Lösungen.

Die Stärke der Moderationsmethode, die zum partizipativen Führungsstil (siehe Abschn. 2.8) gehört, ist:

- Gut für Arbeit mit und in Teams, alle kommen zu Wort.
- Das Team kann bei der Lösungsfindung mitwirken.
- Es wird die Möglichkeit geschaffen, dass alles oder zumindest vieles auf den Tisch kommt.
- Die Methode dokumentiert sich selbst.

Den Ablauf der **Moderationsmethode** eines **rund zweistündigen Workshops zeigt** Tab. 8.1.

Und nun beginnt die schwierige Arbeit für den Leiter. Er macht eine Roadmap, eine Priorisierung. Was wird bis wann erledigt, worauf wird verzichtet? Hier wird das typische Vorgehen für Projekte gemäß Abschn. 5.11 empfohlen.

Rund eine Woche nach dem Workshop mit der Moderationsmethode findet eine Sitzung von rund 30–60 Minuten statt. Der Leiter stellt die Roadmap vor. Er muss zwingend begründen, wie er diese Roadmap erarbeitete und wieso er welche Aspekte priorisiert hat und gewisse nicht angehen möchte.

Den Teammitgliedern wird die Möglichkeit gegeben, innerhalb einer Woche ihre Kommentare abzugeben.

Tab. 8.1 Ablauf eines Workshops nach der Moderationsmethode

Tätigkeit	Dauer in Min.
Der Leiter/Coach erläutert die Herausforderung	5
Das Team kann Verständnisfragen stellen	5–10
Der Leiter verteilt Zettel, Post-its (Größe ca. A5 oder A6)	
Jedes Teammitglied, inkl. Leiter, schreibt auf, was ihm zu diesem Thema in den Sinn kommt, wie z. B. Ängste, Lösungsvorschläge etc. (ergibt rund 5–10 Zettel pro Person)	15
Jeder erläutert, was er aufgeschrieben hat, und hängt die Zettel an die Wand. Pro Person 2–5 Min. Die anderen Teammitglieder sind dabei ruhig, insbesondere sind abschätzige Bemerkungen/Kommentare verboten	20
Wenn alle Zettel an der Wand hängen, werden sie vom Leiter gruppiert, woraus meist 5–7 Gruppen/ Themenbereiche resultieren	20
Pause	15
Nun verteilt der Leiter jedem Teammitglied 5 Klebepunkte, z. B. ■ 3 rote → rot = hat Priorität ■ 2 schwarze → schwarz = hat keine Priorität	
Jedes Teammitglied verteilt seine Punkte	5
Der Leiter stellt das weitere Vorgehen vor, Abschlussdiskussion	10
Total	**100**
Nach dem Workshop: Der Leiter erstellt ein Fotoprotokoll der Ergebnisse und stellt es allen Teilnehmern zu	

Exkurs ins Militär

Im Jahr 1990, im Alter von 23 Jahren, diente ich als Leutnant. Vor dem ersten Zusammentreffen mit meinen Korporälen war ich sehr nervös, und ich überlegte mir lange, wie dieser Einstieg zu gestalten sei. Ich entschied mich für das folgende Vorgehen:

- Jeder soll sich während zwei bis drei Minuten vorstellen, ich begann damit.
- Ich stellte an uns alle drei Fragen, und jeder hatte Zeit, die Antworten während zehn Minuten auf Post-it-Zetteln zu notieren:

- Was ist deine Erwartung an die nächsten 17 Wochen?
- Worauf freust du dich besonders?
- Wovor hast du Respekt?

- Ich machte auch mit und klebte meine Zettel als Erster an die Wand. Die anderen folgten, und wir gruppierten sie gemeinsam.
- Für mich war das einer der gelungensten Starts mit einem Team, mit dem ich während 17 Wochen eine sehr gute Zeit erleben durfte.

Meine Lehre daraus: Viel besser als lange Monologe zu führen, ist es, den Betroffenen eine Bühne für ihre Anliegen zu bieten.

8.3 Reklamationen sind Chancen

Im ersten Moment sind Reklamationen der Kunden immer ärgerlich. Wenn man den Kunden aber ernst nimmt, ihm zuhört, nicht versucht, einen Fehler abzustreiten oder sich zu verteidigen, und innerhalb einer vernünftiger Frist eine Lösung präsentiert und eine Geste der Entschuldigung folgen lässt, sind Reklamationen Chancen, die die Kundenbindung stärken.

8.4 Vorträge/Reden/Ansprachen

In meiner Funktion als CEO muss ich oft Vorträge halten. Ich mache das gerne – obwohl der Vorbereitungsaufwand nicht zu unterschätzen ist.

- **Zielpublikum**: Rede nie am Zielpublikum vorbei. Vorträge vor Laien oder vor Branchenprofis müssen komplett unterschiedlich aufgebaut sein.

- **Weniger ist mehr**: Nichts ist schlimmer als jene Vorträge, bei denen die Zuhörenden denken, wann „der da vorne" endlich aufhört, wenn sie immer wieder auf die Uhr schauen, weil sie endlich zum Umtrunk möchten. Besser ist ein kurzer, prägnanter Vortrag, der überzeugt, und dazu einige Fragen aus dem Publikum.
- **Bilder**: Gerade bei Laien, also bei Personen, die keine Spezialisten des Themas sind: Bilder, Grafiken, Illustrationen. Kein Text.
- **Fragen verbinden**: Das folgende Zitat stammt von meinem ersten Chef in der Strombranche, dem ich persönlich viel zu verdanken habe:

> *Fragen verbinden, Behauptungen entzweien.* (Hans-Peter Aebi)

Er hat mir eine Methode beigebracht, wie Vorträge zu schwierigen, kontrovers diskutierten Themen gehalten werden können. Nach einigen einleitenden Bemerkungen werden zum Thema drei bis fünf Fragen formuliert. Im Anschluss daran wird versucht, die Fragen zu beantworten. Daraus ergeben sich viel bessere Gespräche, als wenn Behauptungen in den Raum gestellt werden. Es gibt natürlich auch Vorträge, in denen man bewusst provozieren möchte, bei denen andere Methoden angewendet werden können.
- **Vergangenheit, Gegenwart, Zukunft (VGZ)**: Wenn sich sonst keine Struktur für eine Rede ergibt, ist VGZ immer ein guter Ansatz (Kurt Klaus) (Tab. 8.2).

Tab. 8.2 Vergangenheit, Gegenwart, Zukunft

V	Vergangenheit: Rückblick halten, Situation in einen größeren Kontext einbetten
G	Gegenwart: Aktuelle Herausforderungen
Z	Zukunft: Was kommt in nächster Zeit auf uns zu. Ziele. Termine und Ziele

> **Fazit**
>
> Für komplexe Problemstellungen sind methodische Herangehensweisen erforderlich. Diese und weitere Methoden müssen im Rucksack eines Managers enthalten sein. Als Basis für bessere Entscheidungen.

Weiterführende Literatur

Haberfellner, R. (2012). *Systems Engineering: Grundlagen und Anwendung*. Zürich: Orell Füssli.

Malik, F. (2013). *Führen - Leisten – Leben. Wirksames Management für eine neue Welt*. Frankfurt a. M.: Campus.

Anhang

A.1. Unternehmenskultur, Werte, Führungsgrundsätze

Abb. 1 Zeigt ein mögliches Beispiel, eine mögliche Grundlage für die Definition der Unternehmenskultur, der Werte und der Führungsgrundsätze

Unsere Leidenschaft - Engagement für unser Kunden und Mitarbeitenden

Unsere Werte haben eine lange Tradition. Wir bewahren und erneuern sie.

Unsere Kunden

- Wir sind leidenschaftlich bestrebt, die Erwartungen unserer Kunden zu übertreffen.
- Wir lernen und verbessern uns kontinuierlich und pflegen einen offenen undregen Austausch von Erfahrungen und Ideen mit unseren Kunden.

Menschen

- Wir legen eine positiveEinstellung, die auf Vertrauen und gegenseitigem Respekt aufbaut, unseren Kolleginnen und Kollegen gegenüber an den Tag. Intrigen und Diskriminierung tolerieren wir nicht.
- Dies erfordert einen fairen Umgang undeinen offenen und direkten Kommunikationsstil.
- Wir zeigen Begeisterung bei dem, was wir tun.

Unsere soziale Verpflichtung

- Wir verpflichten uns füreine solide Arbeitsethik, auf Integrität, Ehrlichkeit und Qualität.
- Im Geschäftsalltag achten wir auf Nachhaltigkeit. Durch umweltbewusstes Handeln erzielen wir zudem Kosteneinsparungen für unser Unternehmen.

Unsere Führungsgrundsätze

- Wir pflegen eine persönliche und direkte Zusammenarbeit. Dies bedingt Toleranz für andere Ideen und Standpunkte sowie die stetige Bereitschaft zu einer proaktiven Zusammenarbeit mit anderen.
- Pragmatismus und Realismus sind uns im Geschäftsalltag wichtiger als Dogmen. Dies bedeutet, realistische und aufTatsachen abgestützte Entscheide: Keine Angeberei, keine Floskeln, keine heuchlerischenBemerkungen. Wir identifizieren uns mit dem Unternehmen und bezeugen unsere Verbundenheit.
- Wir investieren Zeit in unsere Mitarbeitendenund möchtensie als Personen fördern und kennenlernen,wir möchten nichtnur Arbeitsleistung von ihnen einfordern.

Unser Unternehmen

- Wir sind ein marktführendes Unternehmen und wir sind stolz darauf, aktiv zum guten Ruf und zum Erfolg des Unternehmens beizutragen.
- Wir wollen Spitzenleistungen erbringen, unser Bestes geben und unsere anspruchsvollen Ziele erreichen.
- Wir sind ehrgeizig und streben täglich mit Enthusiasmus und viel Sinn für Engagement nach nachhaltigen Resultaten, die über kurzfristige Trends und schnelle Gewinne hinausgehen.

Abb. A1 Werte und Führungsgrundsätze

A.2. Verhaltenskodex

Es gibt Verhaltenskodexe in Buchform, mit über 100 Seiten. Hier eine kurze, hand-habbare Version:

Verhaltenskodex	
Integrität	Wir halten uns an die Weisungen „Verhaltenskodex und CI-CD", an Recht und Gesetz. Diese werden professionell und mit Sachverstand ein- und umgesetzt
Sicherheit	Die Sicherheit von Mensch und Umwelt hat bei uns Vorrang. Sicherheits-, Arbeitsschutz und Umweltvorschriften werden eingehalten
Persönlichkeits-schutz	Wir respektieren die Privatsphäre und die persönlichen Daten unserer Mitarbeiter, Kunden und Geschäftspartner. Private Daten auf Mobiltelefonen, in E-Mails und auf dem Laufwerk H (privates Laufwerk des Mitarbeitenden) werden gemäß den gültigen IT-Richtlinien behandeltWir dulden keine sexuellen Belästigungen. Als sexuelle Belästigung am Arbeitsplatz gilt jegliches Verhalten mit sexuellem Bezug oder aufgrund der Geschlechtszugehörigkeit, das von einer Seite unerwünscht ist und das eine Person in ihrer Würde verletzt, unabhängig davon, ob sich die Belästigung an eine Einzelperson oder eine Personengruppe richtet.
Vertraulichkeit	Vertrauliche Informationen und Geschäftsgeheimnisse der Firma sowie deren Partner sind vertraulich zu bleiben und dürfen nicht zum eignen Vorteil missbraucht werden. Geschäftsinformationen sind Eigentum der Firma und als solche zu behandeln. Unterlagen und Daten der Firma verbleiben im Besitz der Firma, auch nach Beendigung der Geschäftsbeziehung oder des Arbeitsverhältnisses

Anhang

Verhaltenskodex	
Sorgfaltspflicht	Wir erfüllen die aus den geltenden gesetzlichen, aufsichtsrechtlichen und internen Bestimmungen hervorgehenden Sorgfaltspflichten in Bezug auf Finanzen, Spesen, IT (E-Mail, E-Mail-Verteiler, Internet usw.), interne Informationen, Material, Maschinen, Gebäude und Fahrzeuge
Repräsentation	Wir verhalten uns achtungsvoll, tolerant und anständig. Wir sind uns bewusst, dass wir mit unserem Auftreten nach außen die Firma repräsentieren (Telefon, E-Mail, Autofahrten, Sitzungen usw.). Wir verhalten uns auch in der Öffentlichkeit angemessen, überlegt und korrekt
Korruption	Wir sind nicht bestechlich und bestechen nicht. Diebstahl, Betrug und Veruntreuung von fremdem Eigentum und kriminelle Handlungen werden nicht praktiziert und geduldet
Geschenke	Wir nehmen keinerlei Geldgeschenke an. Ebenfalls dürfen wir keine Naturalgeschenke, anderweitige Zuwendungen und Begünstigungen im Wert von über CHF 200 annehmen, die uns aufgrund unserer Tätigkeit bei der Firma gemacht werdenEinladungen zu Veranstaltungen und Reisen sind, sofern diese den Wert von CHF 200 übersteigen, mit dem direkten Vorgesetzten zu besprechen. Übersteigen sie den Wert von 500 CHF, ist zusammen mit den Vorgesetzten und dem CEO eine Lösung zu definieren
Geschäftspartner	Bei zweifelhaften Geschäftspartnern, in Bezug auf deren Integrität und die Rechtmäßigkeit ihrer finanziellen Mittel, informieren wir den Vorstand
Markt	Wir praktizieren den fairen Wettbewerb und treffen keine wettbewerbswidrigen Absprachen in Bezug auf Preis, Konditionen, Kunden, Märkte, Mengen und Gebiete.

A.3. Mitarbeiterbeurteilungsformular

Mitarbeiter	
Vorgesetzter	
Beurteilungsperiode	

Beurteilung

		Stufe			
Kriterien	4	3+	3	3-	2
A Quantitative Leistungen					
B Qualitative Leistungen					
C Fachwissen | Berufliches Können | Erfahrung					
D Arbeitstechnik | Einsetzbarkeit					
E Zusammenarbeit | persönliches Verhalten | Loyalität					
F Führungsverhalten					

Beurteilungsstufen:

4 Liegt deutlich über den Anforderungen/Erwartungen

3+ Liegt über den Anforderungen/Erwartungen

3 Erfüllt die in diese Funktion/Stelle gesetzten Anforderungen/Erwartungen vollumfänglich (optimal)

3- Liegt unter den Anforderungen/Erwartungen

2 Liegt deutlich unter den Anforderungen/Erwartungen

Bemerkungen zu Kriterien A –E

Rückblick/Erreichung der vereinbarten Ziele

Ziele	Stufe				
	4	3+	3	3-	2
Ziel 1					
Ziel 2					
Ziel 3					

Ausblick

Neue Zielvereinbarungen (mit Messgrößen/Terminen) und Erwartungen zur Zusammenarbeit aus Sicht des Vorgesetzten

Ziel x
Ziel y
Ziel z

Durch den Mitarbeitenden auszufüllen

Sind Sie der Meinung, dass Sicherheit bei uns im Unternehmen genügend groß gewichtet wird und dass Ihr Ausbildungsstand in Bezug auf Sicherheit am Arbeitsplatz gut ist?
☐ ja ☐ nein Bemerkung:_____

Meine Sicherheitsausrüstung ist komplett und in einem guten Zustand
☐ ja ☐ nein Bemerkung:_____
Sind Sie der Meinung, dass für Ihre Funktion Ihr Ausbildungsstand gut ist?
☐ ja ☐ nein Bemerkung:_____
Wie beurteilen Sie die Zusammenarbeit mit Ihrem direkten Vorgesetzten?
☐ gut ☐ geht so ☐ schlecht Bemerkung:_____
Wo hat Ihr Vorgesetzter Verbesserungspotenzial?
Wie beurteilen Sie die Führung durch die Betriebs-/Geschäftsleitung?
☐ gut ☐ geht so ☐ schlecht Bemerkung:_____

Ich habe folgende Verbesserungsvorschläge:

_____
Datum

_____ _____
Mitarbeiter   Vorgesetzter

Abbildung 2: Beurteilungsbogen

Abb. A2 Beurteilungsbogen

A.4. Vertragsablage und Instandhaltungsmanagement

Tab. A1 Beispielhafter Auszug einer Vertragsablage Vertragsablage und Instandhaltungsmanagement

Nr.	Datum	Vertragspartner	Inhalt	Querverweis	Status	Owner	Termin	Aktivität/ Bemerkung	TV	GL	Link
1	Beteiligungen										
1.8	20.01.2008	Muster AG u. Meier AG	Partnervertrag	1.4	passiv	Name	auf unbest. Zeit	Überprüfung Zweckmäßigkeit	01.01.2019		...\\Verträge\Gültige1.8_Partnervertrag_Meier.pdf
2	Verkauf/Lieferung/Tausch										
2.1	01.01.2015	Muster AG u. Meier AG	Stromliefervertrag	2.0, inkl. Anhang	aktiv	Name	31.12.2017	Kündbar mit 3 Mte. Frist per Jahresende	01.10.2015		...\\Verträge\Gültige2.1 Liefervertrag_Meier.pdf
3	Vereinbarungen/Bewilligungen/Verschiedenes										

Legende

Nr.	Verträge werden entsprechend ihrer Kategorie fortlaufend nummeriert
Datum	Datum Vertragsbeginn. Bei mehreren Daten wird das früheste Datum notiert
Vertragspartner	Sämtliche Vertragspartner analog dem Vertrag
Inhalt	Kurze Erläuterung der Vertragsart resp. des Inhalts
Querverweise	Wichtige Zusatzinformationen, z. B. in Bezug auf andere Verträge
Status	Drei Möglichkeiten: „aktiv" (gültig, muss aktiv bearbeitet werden, „passiv" (gültig, enthält keine besonderen Aktivtäten), „ungültig" (abgelaufener oder ersetzter Vertrag)
Owner	Für den Vertrag zuständige Person
Termin	Vertragslaufzeit
Aktivität/ Bemerkung	Kurze Erläuterung, was an TV GL (Terminvorlage für Vorstandssitzung) zu tun ist und generelle Informationen wie bspw. Kündigungsfrist
TV / GL (Vorstand)	Zeitpunkt, zu dem Aktivität gestartet werden muss. Nicht der letztmögliche Termin, d. h. Vorlaufzeit einrechnen
Link	Vertrag ist elektronisch erfasst und durch Link direkt abrufbar
Offene Fragen	Platz für Anliegen, Unklarheiten

Stichwortverzeichnis

A

Adressen 104
Aktives Zuhören 8
Analyse 60
Arbeitspakete 106
Aufgaben- und Verantwortlichkeitsmatrix 81
Autorität 6

B

Befugnisse 83
Berater 116
„Bewegung" 13
Bilaterale Gespräche 94

D

Du-Kultur 52

E

Einführungsprogramm 137
E-Mail 4
Empfehlungen 103
Ernährung 14

F

Fehler 23
Frauen 43
Freistellungen 141
Freundschaften 16
Führungsaufgaben 28
Führungs- und Informationskonzept 88

G

Gesunder Menschenverstand 7, 129
Gewaltentrennung 69

Stichwortverzeichnis

J
Jahresterminliste 109
Jahresziele 87

K
Kinder 44
Kommunikation 4
Kompetenzen 83
Konflikte 46
Kontrolle 24
Krise 118
Kündigung 50, 141
Kündigungsgründe 131

L
Leitbild 27
Lohn 144

M
Mindmap 11
Mitarbeiterinformationen 94
Moderator 50
Mut-Kultur 42

O
Offene Fragen 10

P
Pensionierung 16
Personalkommission 95
powernap 14

Priorisierung 108
Problemlösungsmethodik 154
Projektauftrag 104
Projekte 104
Projektstrukturplan 106
Prozesse 98

R
Rente 142

S
Selbstwertgefühl 124
Sexuelle Belästigung 135
Sicherheit 52, 99
Sitzungen 89
SMART 148
„Sport" 13
Stellenbeschreibung 82
Strategieprozess 60
Strategie-Roadmap 61
Strategische Optionen 61
Streitkultur 27
Suchtprobleme 135

T
Taskforce 73

U
Unerledigte Sachen 10
Unternehmenskultur 21
Unterschriftenregelung 84

V

Verhaltenskodex 25
Verhandlungen 96
Verkaufsgespräche 97
Vertragsablage 109
Vertrauen 23, 24
Vieraugenprinzip 25
Vision 27
Vorbild 3

W

Weihnachtsessen 53
Weisungen 102
Werte 22
Wertschätzende Kommunikation 10
Workshop 64

Z

Ziele 84, 148
Zuhören 8

GPSR Compliance

The European Union's (EU) General Product Safety Regulation (GPSR) is a set of rules that requires consumer products to be safe and our obligations to ensure this.

If you have any concerns about our products, you can contact us on

ProductSafety@springernature.com

In case Publisher is established outside the EU, the EU authorized representative is:

Springer Nature Customer Service Center GmbH
Europaplatz 3
69115 Heidelberg, Germany

www.ingramcontent.com/pod-product-compliance
Lightning Source LLC
LaVergne TN
LVHW020346260326
834688LV00045B/1556